KB089024

한국 지방자치의 현실과 개혁 과제

지방 없는 지방자치를 넘어서

한국 지방자치의 현실과 개혁 과제

지방 없는 지방자치를 넘어서

2014년 6월 17일 초판 1쇄 발행
2017년 9월 11일 초판 2쇄 발행

지은이 가상준·강원택·박원호·이용마·전용주·최준영
펴낸이 윤철호·김천희
펴낸곳 (주)사회평론아카데미

편집 김지산·고인욱
디자인 김진운
마케팅 강상회

등록번호 2013-000247(2013년 8월 23일)
전화 02-2191-1133
팩스 02-326-1626
주소 03978 서울특별시 마포구 월드컵북로12길 17
이메일 academy@sapyoung.com
홈페이지 sapyoung.com

ISBN 979-11-85617-09-1 93340

한국 지방자치의 현실과 개혁 과제

지방 없는 지방자치를 넘어서

강원택 편

사회평론

책을 펴내며

'중앙 권력을 향해 휘감아 돌아가는 소용돌이의 정치.' 이는 우리 사회를 관찰한 한 이방인이 내린 결론이었다. 어떠한 사회적 현상이나 사건도 결국은 중앙 권력과 연계되어 갈 수밖에 없는 우리의 현실을 그는 소용돌이의 정치라고 표현했다. 굳이 외국인 관찰자의 평가가 아니더라도, '사람은 서울로, 말은 제주로'라는 옛 속담 역시 중앙 의존적인 우리의 뿌리깊은 사고방식을 잘 보여주는 것이다.

민주화 이후 지방자치제도가 재도입되면서 이제 20년에 가까운 시간이 흘렀다. 여러 가지 문제점에도 불구하고 지방자치는 비교적 안정적인 형태로 자리를 잡았으며, 이제 우리 정치제도의 자연스러운 한 부분이 되었다. 그러나 이러한 지방자치의 진전에도 불구하고 우리 사회는 여전히 '중앙을 향한 소용돌이의 정치'에서 크게 벗어나지 못하고 있으며, 서울과 지방 간의 격차는 오히려 더욱 커져가는 모습을 보이고 있다. 이는 지방자치의 실시에도 불구하고 중앙 중심적인 정치구조로부터의 실질적 변화를 만들어내지 못했음을 말해주는 것이다.

사실 큰 틀에서 볼 때 현행 지방자치의 구조는 권위주의 시대의 지방행정체계와 근본적인 차이를 갖는다고 보기 어렵다. 우리의 지방자치는 그 의미 그대로 주민들의 자발적 참여에 기초한 '스스로에 대한 다스림'보다는, 자치단체나 단체장을 중심으로 한 행정적 통제에 보다 큰 의미가 부여되어 있었다. 제도적인 관점에서 본다면, 현행 지방자치제도는 단체장을 임명제에서 선출제로 바꾸고 지방의회를 구성하기로 한 것 이상으로 이전과 큰 차이를 찾기 어렵다. 무엇보다 지역 주민이 실질적 주인 역할을 할 수 있도록 하는 과감한 제도적 변화는 제대로 시도조차 되지 않았다. 오히려 지역별 상이한 조건과 실상을 고려하지 않은 채 지방자치의 제도적 틀은 중앙 정부에 의해 획일적이고 위계적인 형태도 부여되었다. 20년 가까운 시간이 지났지만 우리의 지방자치는 여전히 초보적인 단계에 머물러 있다.

이러한 문제의식으로부터 우리는 한국 지방자치를 보다 다양하고 역동적인 형태로 변모시킬 수 있는 방안을 찾아보기로 했다. 행정적 통제나 관리의 관점에서 벗어나 지역 주민이 참여를 통해 지역 문제를 스스로 해결해 나가는 진정한 의미의 지방자치로 발전해 나갈 수 있는 가능성을 모색해 보기로 한 것이다. 이를 위해서 우리는 기존의 지방자치의 제도와 틀에서 벗어나 새롭고 다양한 거버넌스의 형태를 구상했다. 우리가 공유한 시각은 '민주주의는 주민들이 스스로 결정하는 것(let the people decide)'이며 민주주의의 원칙은 일상생활에 보다 밀접한 하위 단위에서의 자율성 증진을 통해서 보다 쉽게 구현된다는 것이었다. 이러한 관점에서 기존 지방자치의 법, 제도에 대한 근본적인 도전을 제기해 보고자 했다.

사실 우리는 그동안 지방자치에 대해 학술적으로 큰 관심을 쏟지 못했다. 그러나 보다 삶의 현장에 밀접한 지역을 단위로 한 다양한 갈등의 발발과 이해관계의 대립, 그리고 그것을 주민의 참여와 자치에 의해 해결해 나가는 '지방 정치'의 역동적인 과정에 대한 분석은 결코 소홀히 넘길 수 없는 중요한 연구 대상이었다. 이 연구 작업을 통해 우리가 그동안 중앙 중심적 시각에 너무 사로잡혀 있었던 것은 아닌지 스스로 반성하는 기회를 갖기도 했다. 우리의 연구가 그간의 지방자치 논의에서 비교적 소홀했던 주민의 참여와 관심이라는 관점에서 지방 정치의 역동적 과정에 대한 보다 활성화된 논의가 이뤄지는 데 도움이 될 수 있기를 기대한다.

이 연구 작업은 SBS문화재단의 지원에 도움을 받았다. 특히 SBS 미래부의 조성원 차장은 이 연구의 제안부터 진행과정에 이르기까지 많은 관심과 지원을 통해 연구 작업이 원활하게 이뤄질 수 있도록 도와주었다. SBS문화재단, SBS 미래부, 그리고 조성원 차장께 이 자리를 통해 감사의 인사를 전한다. 서울대학교 정치학 석사 과정의 오현주 양은 항상 웃는 얼굴로 꼼꼼하게 이 연구의 진행을 도와주었다. 고맙다는 인사를 전하고 싶다.

우리가 연구를 진행하는 동안 세월호 침몰이라는 비극적 사건이 발생했다. 세월호 사건은 대한민국의 통치 형태나 거버넌스 방식에 심각한 문제점이 존재한다는 사실을 너무나도 충격적인 형태로 드러내 보였다. 중앙정부 중심, 관료 중심의 국가 운영에 대한 한계가 이 사건을 통해 드러난 것이다. 이 비극적 사건은 중앙 중심의 통치 형태로부터 우리 사회가 벗어나야 한다는 절박함을 많은 이들에게 일깨워 주는 계기가 되었다. 지방자치제도에 대한 과감한 개혁은 새로운 시대 환경에 부합하는 국가통치 형태의 확립이라는 점에서도 매우 중요한 의미를 가질 것이다. 이 책이 보다 나은 사회로 나아가기 위한 논의와 토론에 조그마한 도움이라도 된다면 더 이상의 기쁨은 없을 것이다.

2014. 5.
저자들을 대표하여
강원택

차례

총론: 지방자치를 보는 새로운 시각

강원택

> 타운집회에서는 자유가 주민들의 손이 닿은 범위에 들어 있게 되며, 그런 집회는 사람들에게 자유를 어떻게 사용하는가 그리고 어떻게 누리는가를 가르쳐 준다. 한 민족은 자유로운 정부를 세울 수도 있겠지만, 자치제도가 없이는 자유정신을 가질 수 없다.(Alex de Tocqueville, *Democracy in America*.(1997: 121))

I. 한국의 지방자치, 왜 변화가 필요한가

1991년 지방의회가 다시 도입되고 1995년 지방자치단체장을 포함하는 동시 지방선거가 실시된 이래 우리나라에서 지방자치는 어느덧 20년 이상의 역사를 갖게 되었다. 이제 지방자치는 우리의 일상적 삶 속에서 매우 자연스럽고 당연한 것이 되었고, 한국 민주주의의 공고화 과정과 함께 많은 발전을 이뤄왔다.

그러나 그러한 진전에도 불구하고, 지방은 중앙에 비해 여전히 미약하고 열등한 위치에 놓여 있다. 중앙정부는 지방정부에 비해 월등히 강한 권한을 갖고 있으며 이 때문에 보다 과감한 분권에 대한 요구가 지속적으로 제기되어 왔다(최병선 · 김선혁 2007; 박재창 · 강명구 · 젤리거 2005). 물론 분권은 지방자치가 보다 효과적으로 작동하기 위해서 매우 필요한 조건이지만, 그동안에는 분권을 단순히 행정부처 간의 행정권 배분 문제로 이해하는 경향이 강했다. 그러나 지방자치가 제대로 발전해 나가기 위해서는 무엇보다 지방자치가 주민의 참여와 관심에 기초해 있어야 한다. 즉, 지방자치가 제 역할을 하기 위해서는 단순한 분권뿐만 아니라, 지역 주민들이 주체가 되어 '스스로를 다스리는' 행위에 효과적으로 참여할 수 있도록 이끌기 위한 과감한 제도적 변화가 필요하다.

현재의 지방자치는 과거와 같은 중앙 중심적, 행정 통제적 속성을 그대로 둔 채, 단체장을 주민이 직접 선출하도록 하고 지방의회를 구성하게 한 정도의 변화만을 준 것이기 때문에 주민 참여에 의한 진정한 의미의 '자치'를 이뤄내는 데는 명백한 한계가 존재했다. 중앙의 획일적 규정 때문에 지방마다 상이한 환경과 조건을 제도적으로 반영할 수도 없었다. 이처럼 그동안의 "지방자치 논의와 실제는 지방(정부)의 자치 그 자체보다는 주로 중앙-지방 관계론을 다룬 것이 대부분이다. 강력한 권한을 확보한 중앙의 권한을 어떻게 지방에 나누어 주느냐가 분권의 성공 여부를 가르는 최대의 관건이라고 여겼기 때문이다. 반면에 지방이 스스로 능력을 키워 '스스로 다스림(自治)'의 영역을 넓혀가는 연구에는 인색하였다"(강명구 2009: 5). 이러한 인식의 한계에서 벗어나 주민의 관심과 참여를 이끌어 낼 수 있도록 보다 다양하고 자율적인 지방자치의 운영 방식과 제도의 도입이 가능하도록 변화해야 한다.

지방자치의 활성화는 우리 사회의 변화된 환경을 고려할 때 더욱 중요하다. 과거 우리나라에서 국가는 강한 동원력으로 경제개발을 주도했으며 사회를 재조직했다. 이 과정에서 중앙정부 관료의 역할이 무엇보다 중요했으며 개별 시민은 이들의 행정적 주도에 수동적으로 동원되었다. 중앙정부의 통제와 주도는 대체로 효율적인 것이어서 한국 경제는 급속하게 성장했고 한국 사회도 근대화되었다. 이처럼 이 시기는 매우 중앙 집권적 통치에 의존했으며 지방의 자율성은 기대할 수 없었다. 그러나 오늘날 한국 사회는 이와는 매우 다른 환경에 놓여 있게 되었다. 민주화가 진행되면서 과거와 같이 국가가 일방적으로 사회를 끌고 나갈 수 없게 되었고, 막강했던 행정 권력 역시 입법부나 사법부 혹은 시민사회로부터 견제를 받게 되었다. 또한 국가의 경제규모가 예전과 비교할 수 없을 정도로 확대되면서 사회적 이해관계가 다원화되고 경제 행위자의 역량 또한 강화되면서 국가가 시장을 마음대로 좌지우지할 수 없는 상황이 되었다. 세계화의 물결은 한 국가가 독자적으로 행할 수 있는 영역을 크게 줄여놓았다. 주권국가라고 해도 국제자본의 흐름이나 국제적 규범의 영향에서 자유로울 수 없는 상황이 된 것이다. 더욱이 이제 한국은 경제적으로 저성장 시대에 돌입했으며, 과거 막강했던 국가의 동원 능력도 예전에 비해 크게 약화되면서 중앙권력이 모든 것을 책임질 수 없는 상황이 되었다. 이와 같은 상황의 변화, 즉 "작은 일을 하기에는 너무 크고 큰 일을 하기에는 너무 작아진" 국가(강명구 2009: 7-8)는 새로운 역할의 변화를 요구 받고 있는 것이다

이처럼 국가 혹은 중앙권력의 역할이 변화된 상황에서 우리 사회는 어디에서 지속가능한 발전의 원동력을 찾아야 할 것인가 하는 새로운 문제에 직면하게 되었다. 중앙정부 중심의 국가가 더 이상 효율적으로 사회를 동원하고 이끌 수 없게 되었다면, 그 대안은 보다 하위단위에서 찾을 수밖에 없을 것이다. 즉, 이제는 지역적으로나 기능적으로 분산된 하

위 단위에서의 참여와 협력에 기반한 분산형 시스템에 주목해야 한다. 시대적 변화에 맞게 이제는 실질적 분권, 분산의 체계와 시민의 참여와 자율에 기반하는, 과거와는 다른 새로운 패러다임을 모색해야 한다는 것이다. 다시 말해 실질적인 권력의 지방 분산과 지역 주민의 참여와 기여를 통한 지역 공동체의 활성화와 발전을 통해서 새로운 방식의 발전 가능성을 찾아보아야 하는 것이다.

지역 주민의 참여와 관심 속에 스스로 다스려 가는 진정한 자치를 이루기 위해서는 지금까지의 지방자치와는 근본적으로 다른 새로운 접근이 필요하다. 그동안의 지방자치가 행정적 차원에서 중앙권력의 일부를 위임하는 방식에 의미를 부여했다면, 이제는 지역을 '하나의 완결성을 가진 정치적, 사회적, 문화적 생태계'로 만든다고 하는 새로운 시각에서의 접근이 필요하다. 우리 사회의 미래형 거버넌스는 실질적 분권, 분산의 체계가 되어야 하며, 그러한 구조 속에서 주민의 직접 참여를 토대로 공동체에 대한 헌신과 기여가 이뤄질 수 있도록 해야 한다. 이를 통해 진정한 의미에서 자치를 실현하고 시민성을 강화하는 기회를 갖게 될 것이다. 요컨대, 새로운 거버넌스의 환경 속에서 우리 사회 재구조화의 출발점은 지방이 되어야 하는 것이다.

II. 한국 지방자치의 특성

1. 도입의 역사와 과정

1987년 이후 한국의 민주화는 비교적 성공적으로 진전되어 왔지만 사실 민주주의에 대한 관심과 노력은 중앙정치를 중심으로 진행되어 왔다. 이에 비해 지방정치는 이런 논의에서 부차적인 것이거나 혹은 대체로 관심의 대상에서 벗어나 있었다. 그렇게 된 한 원인은 한국의 민주화가 '대통령 직선제 쟁취'와 같은 중앙권력을 둘러싼 경쟁에 주목했기 때문일 것이다. 중앙의 권력을 향한 다툼에서 지방은 그저 동원의 대상일 뿐이었다. 또 다른 관심사는 이른바 '제왕적 대통령'이라고 불린 권위주의 시대의 강한 대통령의 권한을 견제하고 분산하는 것이었다. 지방자치제도의 부활 역시 수직적 차원에서 강한 대통령의 권력을 분산시킨다는 것 이상의 의미를 갖지 못했다. 그런 점에서 볼 때, 1991년 이후 오늘날까지 진행되어 온 한국의 지방자치는 그간의 발전에도 불구하고, 과감한 분권과 지역 주민의 참여에 의해 이뤄지는 진정한 의미의 '자치'에는 이르지 못하고 있다. 이 때문에 한국의 지방자치는 '주민 자치'보다는 여전히 '행정 통치'의 의미가 더 강하다.

이런 특성을 갖게 된 원인을 살펴보기 위해서는 우리나라에 지방자치가 도입된 역사적 과정과 도입의 배경에 대해서 알아볼 필요가 있다. 1948년 제헌헌법에 지방자치에 관한 규정이 포함되었고, 이에 따라 1949년 7월 4일 지방자치법이 제정되었다. 이 법에서는 서울시장과 도지사는 임명하도록 했고, 시·읍·면장은 지방의회에서 선출하도록 했다. 지방의회는 인구수에 따라 의원 정수를 정하도록 했다. 흥미롭게도 이때의 지방자치법에서는 지방의회에는 단체장 불신임 결의권을, 단체장에게는 의회 해산권을 부여하여 내각책임제적 특성을 포함시켰다. 그러나 법안이 마련된 이후에도 한동안 지방자치제도가 시행되지 못했으나, 1952년 4월 25일 이승만 대통령은 전격적으로 지방선거의 실시를 결정했다. 갑작스러운 지방선거 실시의 원인은 대통령 직선제를 관철하기 위한 이승만의 정치적 동원 전략과 관련되어 있었다.

정당을 창당한 이후에도 국회 내에서 여전히 열세를 면치 못한 이승만은 자신의 입장을 지지해 줄 전국적인 세력 기반을 확보하는 방법으로 지금까지 연기해 오던 지방의회의 구성을 결심하기에 이르렀다. 이러한 결정에 따라 1952년 4월에는 시·읍·면 의회 의원 선거가, 그리고 5월 10일에는 도의회 의원 선거가 실시됨으로써 건국 이후 최초의 민선지방의회가 탄생하였다. 자유당은 이 지방선거를 당 조직의 성패를 시험하는 기회로 생각하고 전열을 가다듬었다. 그 결과 자유당은 선거에서 승리한 것은 물론 창당 이후 첫 선거를 통하여 당세 확장에도 크게 성공하였다. 이 지방선거에서 거둔 자유당의 결실은 바로 족청을 비롯한 각급 사회단체의 기존 조직을 동원함으로써 가능했었다(손봉숙 1986: 147).

이처럼 우리나라에서 지방자치제도의 도입은 통치자 개인의 정치권력 확보를 위한 동원의 목적에서 이뤄졌던 것이다. 그리고 제1공화국 후반에 들어 이승만 정권에 대한 국민의 불만이 고조되고 지방선거에서 야당이 강세를 보이게 되자, 이승만은 1958년 12월 24일 시·읍·면장에 대한 선출을 폐지하고 임명제로 지방자치법을 개정했다. 제1공화국에서 지방자치의 실시와 폐지는 모두 정권의 정치적 이해관계에 따라 이뤄졌던 것이다.

이승만 정권이 4·19와 함께 몰락하고 제2공화국이 들어선 이후 1960년 11월 1일 지방자치법을 개정하여 그해 12월 지방자치선거가 실시되었다. 주목할 점은 동, 이장까지 모두 직선하도록 했고, 선출방식도 시·읍·면 의회 선거의 경우 제한연기제(制限連記制) 방식을 채택했다. 그러나 이듬해 5·16 쿠데타가 발발하면서 지방자치단체는 모두 해산되었다.

제3공화국 헌법에서는 지방의회의 구성 시기를 법률로 정한다고 규정하였으나 별다른 조치를 하지 않았고, 유신헌법에서는 '조국통일이 이루어질 때까지' 지방의회를 구성하지 않는다고 규정하여 사실상 지방자치 실시에 대한 분명한 거부 의사를 나타냈다. 박정희 집권과 함께 한국의 정치와 행정은 관의 주도에 의한 고도의 중앙집권적인 체제로 급속히 옮아갔다. 근대화 사업과 경제개발 추진 과정에서 효율성이 강조되었고, 지방의 사무는 중앙정부의 결정에 더욱 의존하게 되었다. "지방관청의 행정 업무는 중앙정부의 명령과 위임사무를 수행하는 일에 치중되었으며 자치권한은 극히 제한되었다. 지방자치단체의 각종 엘리트는 중앙에서 임명하는 관료로 채워졌다. 그 결과 지방행정체제는 주민의 요구와 지방의 실정보다는 국가적 요구에 일차적으로 부응하는 기관으로 발전해 갔으며 지역사회의 발전이나 행정에 대한 주민들의 참여권과 감독권은 더욱 제한되어 갔다"(안청시 1985: 51-53). 이처럼 민주화 이전 한국의 지방자치는 정권의 이해관계에 따라 실시 여부가 좌우되었으며, 주민의 자치보다는 중앙권력의 통치라는 차원에서 이해되었다.

민주화 이후 지방자치제도의 재도입에 대한 관심이 높아졌다. 1987년 민주화 이후 첫 대통령 선거에서 민정당 노태우 후보는 당선 후 지방자치 실시를 공약했다. 그러나 노 후보의 집권 이후에도 지방자치제도는 쉽게 실현되지 못했다. 당시 4당 구조하에서 1989년 3월 4일 야 3당이 지방선거 실시에 합의하고 법안을 통과시켰지만, 노태우 대통령은 이에 대해 거부권을 행사했다. 이에 대해 야당들이 크게 반발하자 같은 해 12월 19일 민정당을 포함한 4당이 모두 지방선거를 실시하는 데 합의했다. 하지만 1990년 1월 평민당을 제외한 민정당-통일민주당-신민주공화당이 3당 합당을 결정하면서 이 합의는 실행에 옮겨지지 못했다. 새로 출범한 민주자유당은 국회 내 2/3 이상의 의석을 토대로 경제 안정을 명분으로 단체장 선거를 1995년 이후로 연기하도록 법안을 개정했다. 이에 반발하여 김대중 평민당 대표는 1990년 10월 8일부터 29일까지 지방자치제 실시 관철을 목표로 단식 투쟁에 나섰다. 이러한 요구가 받아들여져 1991년 지방자치 선거를 실시하기로 여야 간 최종 합의가 이뤄졌다. 이에 따라 1991년 3월 26일 기초단체인 시·군·구 의회 의원을 선출했고, 같은 해 6월 20일에는 광역단체인 시·도 의회 의원을 선출했다. 그러나 지방자치 단체장은 여전히 대통령이 임명했다. 단체장을 포함하는 본격적인 의미의 지방자치제도는 김영삼 대통령 시절인 1995년 6월 27일 첫 동시 지방선거가 실시되면서 시작되었다. 이처럼 민주화 이후에도 지방자치제도의 도입은 정치 세력 간의 정치적 이해관계에 따라서 그 도입 여부가 논의되었던 것이다. 이상에서 보듯이 민주화 이후 지방자치제도의 도입에는 당시 야당 대표였던 김대중의 역할이 컸는데 그는 지방자치제도의 도입을 다음과 같이 회고했다.

> 지자제 도입으로 우리 사회는 많이 변했다. 무엇보다 그 지역에 살고 있는 주민들이 그곳의 주인이 되었다. … 중앙에서 일률적으로 부정 선거를 획책할 수 없고 지방이 중앙의 눈치를 보지 않고 소신 있게 주민을 위한 행정을 펼칠 수 있게 되었다…. 주민의 투표로 임기가 보장된 일꾼이 어디를 보고 일하겠는가. 당연히 주민들의 눈높이에 맞춰 지역을 살필 수밖에 없다(김대중 2010: 576-577).

지방자치 도입의 효과에 대한 객관적이고 적절한 평가로 보이지만, 당시 야당 지도자였던 김대중의 입장에서는 '부정선거를 획책할 수 없고', 지방 단체장이 공무원의 선거 개입이나 여당 후보 봐주기를 포함하여 '중앙의 눈치를 보지 않'도록 하는 제도적 환경이 중요했을 것이다. 따라서 지방선거 도입에 대한 김대중의 입장 역시 정치적 이해관계를 지

니고 있었다고 보아야 할 것이다.[1]

이처럼 "지방자치는 국가 민주화의 일환으로서 요구되고 추진되었으며, 중앙의 정치세력들이 정치적 흥정을 통해서 '위로부터 결정한' 정치적 산물로 부활되었다. 중앙의 정치 세력들은 종종 지방자치를 정파적 이해관계를 극대화하기 위한 수단으로 활용했다. 그들의 자신의 권력과 지위 보전을 위해 필요하면 자치제도를 자의적으로 개폐하거나 그 실행을 유보하는 것도 서슴지 않았다"(안청시·이광희 2002: 17). 한국의 지방자치는 '지방 주민의 자치'보다는 중앙권력으로부터의 일정한 자율성의 확보라는 정치적 목표가 더욱 중요했던 것이고, 이런 점에서 볼 때 한국에서 지방자치제의 부활은 '정치적 민주주의'라는 관점에서 추진되고 진행되어 온 것이다.

2. 한국 지방자치의 문제점

이처럼 우리나라의 지방자치는 원래부터 매우 정치적인 목적하에 추진되어 왔다. 특히 민주화 이후의 지방자치제도의 부활은 지방이 중앙권력

1 김대중의 다음의 말도 역시 지방자치를 정치적 시각에서 평가하고 있는 것으로 볼 수 있다. (이하 이상환 2011)

"현 정권은 세법 개정 기타 조치로서 얼마든지 개선할 수 있는 지방재정의 자립문제를 명분으로 내세워 헌법이 규정한 지방자치를 거부하고 있으나 이것은 어디까지나 밖으로 내세운 명분에 불과하다. 그들의 진정한 의도는 국민의 정치의식의 성장을 억압하고 행정 만능과 부정선거의 자유를 계속 확보하는 동시에 야당 정치세력이 야당다운 야당으로 발전할 전초기지를 말살하는데 있는 것이다."

"우리는 그동안 TK 패권주의, PK 패권주의 속에서 살아 왔습니다. 특정 지역이 모든 권한과 혜택을 독점하고, 나머지 지역은 소외 받았습니다. 지역 간의 불균형과 파행이 나라 전체의 발전을 가로 막아 왔습니다. 하지만 이번 6·27 지방선거를 계기로 바로 이러한 지역 패권주의는 결정타를 입을 것입니다. 이번 선거로 패권주의가 아닌 등권주의, 수직적이 아닌 수평적으로 대등한 권리를 가진 지방화 시대가 열릴 것입니다."

의 정치적 통제로부터의 자율성을 갖도록 중앙권력의 단체장 임명권을 폐기하는 데 집중되었다. 따라서 민주화 이후에도 지방자치는 주민의 참여와 관심의 제고를 통한 자치를 위한 제도적 디자인이라기보다는 원래의 구조, 즉 상의하달적 의도에서 만들어진 제도적 특성을 그대로 온존한 채 중앙이 지녀온 권한의 일부를 배분하는 형태로 진행되었다. 다시 말해 '한국의 경우 지방분권화 운동은 지방행정개혁의 일환으로 진행되어" 왔으며 '급작스럽게 지방분권화가 사무배분을 중심으로 실행되다 보니 명확한 철학과 대원칙도 없이 진행되고 있다는 문제'(정창화 · 한부영 2005: 36)를 낳았다.

김대중 정부에 들어 '지방자치 활성화를 위해 지방정부로 넘길 것은 과감히 넘기고 중앙정부도 세계화 시대에 맞는 일을 새롭게 찾아서 해야 하며, 과감하고 신속한 권한 이양을 통해 개혁을 이루라'는 대통령의 지시에 따라 중앙 권한의 지방 이양 정책이 추진되면서 1999년 1월 29일 중앙행정권한의 지방 이양 촉진 등에 관한 법률이 제정되었다. 이는 예전에 비해서는 전향적인 지방 분권의 시도임에도 불구하고 이때의 지방자치 개혁도 대체로 "관공서 간 분권"(전영평 2003: 23)으로 이해되었다. 지방자치의 재도입을 이끌어 낸 김대중 대통령하에서도 지방자치의 접근은 상의하달식, 혹은 중앙에서의 일방적으로 결정에 의해 추진되는 형태로 이뤄져 왔다. '밑으로부터의 도전'이 결여된 상태에서 '위로부터 주어진' 지방화(이종수 2002: 131)라는 특성으로부터의 변화는 없었다. 그런 점에서 볼 때 지방자치제도의 도입과 개혁 노력에도 불구하고 진정한 의미의 주민 참여, 자치에 대한 시도나 변화에 대한 시도는 제대로 이뤄지지 못했다.

오늘날 나타나는 지방자치의 문제점은 다음과 같은 몇 가지로 정리해 볼 수 있다. 첫째, 지방자치의 역사가 이미 20년을 넘어섰지만 지방정

부나 지방정치는 여전히 중앙에 대해 종속적인 위치에 놓여 있다. 지방
자치제도의 무게 중심은 여전히 중앙의 행정적 기능을 제한적으로 지방
에 위임하는 데 놓여 있다. 중앙정부가 임명하던 단체장을 주민이 선출
하도록 하고, 권위주의 시대에 허용되지 않았던 지방의회를 구성하도록
한 것 이외에 커다란 변화를 찾기 어렵다. 권한에서의 불평등은 여전하
며 중앙의 개입에서 자유롭지 못하며, 재정이나 법령을 통한 중앙정부의
통제 역시 여전하다. 민주화 이후 중앙정치 수준에서의 수평적 분권화에
는 적지 않은 진전이 있었지만, 중앙과 지방 간 수직적 분권에 대해서는
별다른 진전을 이뤄내지 못했다. 즉 "현재 지방의 가장 큰 문제 중 하나
는 지방권력이 지역의 다양한 정책과 비전을 마련하지 못한 채 주로 중
앙권력에 추종하는 양태를 보이고 있다는 점이다. 이에 따라 중앙, 지방
의 권력 비대칭성이 재생산"(박재욱 2012)되고 있다. 제한적인 권한 위임
뿐만 아니라 재정의 문제에서도 지방은 매우 취약하다. 지방의 자립 기
반은 열악하며, 사실상 대다수 지방자치단체들은 중앙정부의 재정적 지
원에 항구적으로 의존하고 있다. 따라서 이런 상황에서는 "중앙으로부터
정치, 경제, 문화적 독자성을 가진 지방이 성장할 수 없을 뿐 아니라, 지
역사회의 권력구조를 민주적으로 개편할 수 있는 지방정치의 발전을 기
대하기 힘들다"(안청시·이광희 2002: 17).

두 번째 문제점은 지방자치의 제도적 획일성이다. 각 지방이 처한
조건이나 현실과 무관하게 단일한 제도와 공동의 틀이 일률적으로 적용
되고 있다. 의회 의원의 구성, 임기, 선거제도, 지방 거버넌스의 방식 등
모든 영역에 걸쳐 중앙정부가 정한 법적, 제도적 표준이 모든 자치단체
에 획일적으로 적용되고 있다. 이 때문에 각 지방별로 고유한 거버넌스
의 구조, 통치의 방식에 대한 주민 견해가 반영되지 않고 있으며, 제도적
다양성도 부족하다. 주민 자치를 통한 민주주의 실현의 의미보다는 중앙

의 통제라는 시각과 가치가 그대로 온존되어 온 탓으로 보인다.

셋째는, 지방정치의 자율성이 부재하다는 점이다. 지방정치가 지역 주민의 관심과 참여하에 내부적인 다양성과 경쟁성을 지니면서 운영되는 것이 아니라, 그간의 지방선거 때마다 보아온 대로, 중앙정치의 대리전처럼 이뤄져 왔다. 이 때문에 중앙정치의 갈등이 지방정치를 통해 확산되고 있으며, 진주도립병원 폐지 문제나 밀양 송전탑 건설 등을 둘러싼 갈등에서 보았듯이, 지방정치 수준에서 해결되어야 할 사안이 역으로 중앙정치적 갈등으로 비화되는 모습도 보이고 있다. 이는 지방정치의 자율성이나 독자성을 가능하게 할 지역 수준에서의 정당 정치의 한계 등 제도적 기반의 미비와 관련되어 있다. 또한 소수 지방 엘리트의 독점 구조와 같은 제도적 참여의 한계도 나타나고 있다. 따라서 젊은층, 은퇴자, 여성 등 다양한 인재들이 지방정치에 참여하지 못하고 있으며, 지방정치를 통한 미래 정치 지도자 육성이라는 기능 역시 취약한 상태이다.

이처럼 지방자치의 도입에도 불구하고, 기본적으로 지방자치는 행정적 통제, 지방 사안에 대한 효율적 관리라는 차원에서만 다뤄졌을 뿐, 그 전제가 되어야 할 주민 참여, 지방정치, 로컬 거버넌스의 관점에서의 지방자치 개선에 대한 고려가 많지 않았다. 이 때문에 지방의 문제가 지방 수준에서 해결되지 못하는 결과를 낳았고, 지방정치에 대한 효능감 부족과 폐쇄적 구조는 지역 주민들이 지방정치를 외면하게 하는 악순환을 반복해 오도록 한 것이다.

결국 지금까지의 한국 지방자치는 그동안의 진전에도 불구하고 여전히 애당초 제도가 도입되었던 당시의 중앙정치 중심, 행정 위임의 관점에서 근본적으로 벗어나지 못하고 있는 것이다. 현재의 지방자치는 과거에 국가가 직접 지방단체장을 임명하던 시절의 제도적 틀을 기초로 한 채, 단체장을 선출직으로 전환하고 제한적 권한을 갖는 지방의회 구성이

라는 변화를 준 것이 전부라고 해도 될 만큼 그 지방자치의 운영 방식이
나 접근 방식에서는 지방자치 실시 이전과 큰 차이를 발견하기 어렵다.
그런 점에서 현행 지방자치 제도에 대한 관점은 대중이 정부를 직접 통
제하는 것이 아니라, 통치를 담당할 엘리트를 선출하고 쫓아내는 데 그
친다고 하는 슘페터(Schumpeter 1976)적 접근에 그치고 있다.

　　인식론적으로 지방은 중앙의 하위단위(sub-unit)로 간주되고 있으
며, 고유한 사회적·문화적·경제적 특성을 갖는 하나의 완전한 삶의 공
동체, 완결성을 갖는 정치적·경제적·문화적 생태계로 바라보는 경우
는 많지 않았다. 따라서 이제는 주민의 참여와 자치를 근간으로 하는 민
주적 거버넌스, 생활 정치, 삶의 질의 추구, 공동체적 가치의 강화, 시민
성의 제고와 같은 민주 정치의 근본적인 관점으로부터 지방자치제도를
개혁하기 위한 노력이 필요한 상황이다.

III. 지방자치를 바라보는 새로운 시각

지방자치에 대한 새로운 접근은 그 관점이 중앙으로부터가 아니라 지방
에서부터 비롯되어야 한다는 것이다. 즉 지방은 중앙의 하위 단위가 아
니라, 그 자체가 하나의 공동체라는 인식의 전환이 필요하다. 더 나아가
지방의 국가의 단위가 아니라 역으로 지방이 모여 국가가 된다고 하는
발상의 전환이 필요하다. 오랜 역사 동안 중앙집권적 통치 구조에 익숙
한 우리로서는 발상의 전환이 쉽지 않을 수도 있으나, 지방자치가 보다
한 단계 성숙해 나아가기 위해서는 이와 같이 기존과는 전혀 다른 접근
법이 필요해 보인다. 다시 말해,

정치라는 것은 이제 더 이상 국가라는 공동체 수준에서만 일어나는 권력 중심의 현상이 아니라, 사람들이 생활하는 그 자리에서 빚어지는 갈등과 문제를 해결하여 더 나은 삶의 수준을 달성하려는 노력으로 이해되어야 하며, 따라서 그 중심은 주민들의 생활이 실제로 일어나는 지방이 되어야 한다. … 이것이 바로 지방정치의 의미, 즉 지역 주민의 자기 결정성과 자기 책임성에 근거한 지역사회의 문제 해결이라는 풀뿌리 민주주의이다 (김영일 2012: 45).

국가의 하위 단위로서의 지역이 아니라 국가 공동체의 출발점으로서의 지역이라는 새로운 관점은 사실 시대적 변화라는 측면에서도 중요한 의미를 지닌다. 과거 한국 사회의 주요 의제는 경제 성장기에는 중앙정부 주도의 경제계획, 성장, 국토개발 등이었으며, 그 이후의 민주화 시기에는 민주, 자유, 인권, 평화 등의 거대 담론이었다. 그 당시 중앙의 정부나 정당들이 이러한 이슈를 주도해 갔다. 즉 발전주의 시대에 "국가는 관료 지배적 중앙 집권을 통해 희소자원을 총동원하여 경제성장에 쏟아 부었으며, 지방은 중앙 관료적 지배의 분소(分所)였고 희소자원을 중앙으로 송출하는 도관(導管) 역할"(강명구 2009: 18)에 불과했다. 그리고 민주화 이후에는 지역주의 이데올로기에 의해 중앙권력을 두고 다투는 정당과 정치인들의 정치적 동원의 대상이 되었다.

그러나 이제는 여러 가지 면에서 많은 변화가 나타났다. 과거의 발전국가와 같이 일정한 효율성을 유지하면서 사회적 자원과 지지를 동원해 내는 강한 국가의 역량은 더 이상 기대할 수 없게 되었으며, 앞서 언급한 대로, 세계화와 함께 개별 국가의 주권도 과거와는 달리 일정한 제약을 받을 수밖에 없게 되었다. 또한 경제성장, 민주화의 진전과 함께 우리 사회의 구성원들이 중요하게 생각하는 이슈의 속성 역시 크게 변화

되었다. 민주, 자유, 경제성장, 국토개발 등과 같은 이슈의 중요성은 약
화되었으며 이제는 실제 삶과 관련된 교육, 고용, 주택, 세금, 환경, 연금
등과 같은 이슈의 중요성이 부각되었다. 즉 생활정치(life-style politics)
가 부상하게 된 것이다. 이러한 이슈에 대한 기본적 조건은 중앙정부가
마련한다고 할 수 있지만, 이러한 서비스나 요구를 구체적인 삶의 현장
에 제공하거나 현장의 요구에 적절하게 대응하고자 할 때 중앙정부 혹은
국가의 수준은 너무 멀고 비효율적인 것이 되었다. 즉 "국경을 넘어서는
정보, 자본의 이동, 지구적 환경 문제 등 이른바 세계화의 현실에 대응하
기에 국가는 한편으로 너무 미약하고 다른 한편으로 환경, 소비 등 현장
문제에 대처하기에는 너무 멀다"(김만흠 1999: 171)는 문제점을 갖게 된
것이다. 이러한 변화는 통치의 효율성, 효과성이라는 관점에서 볼 때 중
앙정부보다 지방과 같은 하위 단위의 중요성이 커졌음을 의미하는 것이
다. 요약하면, 1960년대 이후 우리나라에서 국가가 모든 사회적 자원을
통제하고 동원하는 발전국가 모델이 나름대로의 효율성을 보였다면 이
제는 중앙 통제적인 통치보다 분권적 거버넌스가 더욱 효율적이며 현실
적으로 바람직한 통치의 형태가 되었다는 것이다. 이는 또한 삶의 질을
중시하는 시대적 흐름과도 부합하는 방향으로의 변화인 것이다.

　　지방을 중심으로 하는 지방자치라는 새로운 시각은 한국 민주주의
의 심화라는 차원에서도 중요한 의미를 지닌다. 역사적으로 한국은 '강
한 국가와 약한 시민사회'라는 특성을 지녀왔다. 한국 정치는 모든 경쟁
과 활동이 중앙을 향해 휘돌아가는 '소용돌이의 정치'(politics of vortex)
(Henderson 1968)로 묘사되어 왔다. 민주화 이후 비교적 성공적으로 민
주적 공고화가 진행되어 왔지만, 중앙-지방 관계에서 중앙정부는 여전히
비대칭적으로 강력한 존재로 남아 있으며, 그러한 강한 권한을 유지하려
고 애써왔다. 즉, "중앙의 정치인과 관료들은 자신들의 정치적 위상과 지

위에 도전해 올지도 모르는 지방 엘리트의 등장을 두려워하여 지방정치가 활성화되는 것 자체를 병폐로 간주하거나 각종 방식으로 규제하는 것을 일삼아 왔다"(안청시 · 이광희 2002: 17).

그런데 이러한 강한 국가는 지방정치가 중앙정치에 예속되게 하는 중요한 원인이 되고 있다. 예컨대, 정당법 3조에는 "정당은 수도에 소재하는 중앙당과 특별시, 광역시, 도에 소재하는 시도당으로 구성한다."고 규정되어 있으며, "정당은 5 이상의 시도당을 가져야"(17조) 하며, "시도당은 1천인 이상의 당원을 가져야"(18조) 하도록 규정하고 있다. 정당의 설립을 이렇게 규정한 것은 정치 활동을 중앙정치 중심으로 바라보는 인식의 결과이다. 이런 상황에서는 지역 공동체를 기반으로 하는 독자적인 지방정치는 제도적으로 실현되기 어렵다. 중앙 중심의 정치 속에서 지역은 중앙의 정치 세력이 하향식으로 동원하고 조직화하는 대상에 불과한 것이었다. 이처럼 그동안 지방은 행정적으로 중앙 관료의 지시를 집행하는 대상이었을 뿐만 아니라, 정치적으로도 중앙정치에 종속되어 있었던 것이다.

이에 비해 지방 수준에서의 정치가 중앙정치에 영향을 미치는 말, 그대로의 상향식 정치 과정은 거의 이뤄진 바 없다. 예컨대, 지역 단위에서 결성된 정치 조직이 다른 지역의 유사 조직과의 상호 협력과 결속에 의해 새로운 전국적인 정치 세력으로 등장하게 되는 일은 현재의 법적, 제도적 환경에서는 가능하지 않으며 실제로 그런 일이 발생한 적도 없다. 또한 다원성의 증대와 생활정치라는 이슈의 연성화는 기존의 정당정치와는 크게 다른 환경을 만들었다. 이제는 현실적으로 전국 규모의 정당이 일상적 수준에서 발생하는 다양한 이슈와 요구를 모두 효과적으로 대표하거나 중개하는 역할을 맡기 어렵게 되었다. 따라서 전통적인 정당의 대표 양식은 이제 한계를 맞게 되었고, 새롭고 보다 분화된 형태의 대표성(new and more fragmented representation)(Andrew and Gold-smith 1998: 105)이 요구되는 상황이 된 것이다.

한국 민주주의가 한 단계 더 성숙해 가기 위해서는 보다 삶의 현장에 밀착된 단위에서부터 시작되는 주민의 참여, 헌신을 통한 공동체의 지속과 발전이 모색되어야 한다. 이런 점에서 유럽에서 많이 논의되어온 보충성 원칙(Principle of Subsidiarity)에 대해 살펴볼 필요가 있다. 보충성의 원칙이 의미하는 바는 몇 가지로 나눠 살펴볼 수 있다(이하 정창화·한부영 2005: 40-41). 첫째, '보충성의 원칙'을 탈중앙집권주의적 시각에서 보는 입장이다. 보충성이란 '더 큰 단위(a larger unit)는 그것을 구성하는 더 작은 단위(small units)가 수행할 수 없거나 또는 수행하기에 적합하지 않은 기능만을 담당해야 한다는 것', 즉 중앙의 기능은 지방적 수준에서 효과적으로 수행될 수 없는 일에만 적용되는 보충적 기능을 가져야 한다는 것이다. 두 번째 시각은 사회철학적 입장으로 '더 크고 더 높은 수준의 사회가 더 작고 더 낮은 사회에 의하여 효율적으로 수행될 수 있는 사무를 담당하는 것은 부정이고 심각한 해악이며 올바른 질서에 대한 방해'라는 인식을 담고 있다. 셋째는, 유럽공동체를 형성한 니스 조약(EC 조약)에 포함된 규정으로 공동체(국가)는 이 조약에서 부여받은 권한과 할당받은 목표의 범위 내에서 행동한다. 공동체(국가)의 배타적 권한에 속하지 않는 영역에서, 공동체(국가)는 보충성의 원칙에 따라, 제안된 행동의 목표를 회원국들(지방)에 의해 충분히 달성될 수 없고 따라서 제안된 행동의 규모나 효과에 의하여 공동체(국가)가 더 잘 달성할 수 있는 경우에만 그리고 그 범위 내에서만 행동한다고 규정하고 있다. 즉 하위단위에서 행할 수 있는 것을 유럽연합이나 중앙 국가가 관여해서는 안 된다는 것이다. 상위조직의 관여는 하위조직이 과제를 충분히 수행할 수 없을 때만 정당화되며, 관여는 제한된 범위에서 보조하는 형태로 이뤄져야 한다는 것이다. 넷째, 보충성의 원칙은 권력의 분할로 인해 시민적 자유를 보호하며 민주주의 원리에 부합한다는 것이다. 보충성의 원칙에 근거한 권한 배분은 견제와 균형 체제에 대한 안전장치가 되며 그것은 중앙에 의한 권력 남용을 방어함으로써 개인의 자유와 안전을 보장한다는 것이다.[2]

이러한 보충성의 원칙은 지역을 통해 국가 공동체를 바라본다고 하는 새로운 시각에서 볼 때 매우 중요한 의미를 담고 있다. '중앙의 기능은 지방적 수준에서 효과적으로 수행될 수 없는 일에만 적용되는 보충적 기능을 가져야 한다는 것'은 그간 우리의 지방자치가 중앙정부가 일차적 중요성을 갖고 권한을 행사하고 지방은 중앙이 '떼어 준' 권한을 수행하거나 '심부름'하는 역할에 그쳤던 것과는 근본적인 시각의 차이를 보이고 있다. 지방자치를 종종 '풀뿌리 민주주의'라고 하지만, 뿌리의 존재 이유가 지표 위의 잎과 가지를 번성하게 하기 위한 도구적 의미에 그친다면 그 효과는 제한적일 수밖에 없다. 뿌리는 뿌리 그 자체로서도 존재의 의미를 가져야 하는 것이다.

지역을 중심으로 국가 공동체를 바라보자는 이러한 시각은 한반도 통일이라는 관점에서도 매우 중요한 의미를 지닌다. 오랜 시간에 걸친 분단과 단절로 인해 이제 남북한은 사실상 두 개의 이질적인 사회가 되었다. 따라서 통일은 '이전 상태로의 복귀'라기보다는 이질적인 두 사회의 결합이라는 고통스럽고 오랜 시간을 소요하는 과정을 의미하게 되었다. 이런 경우에 통일 한국이라는 새로운 공동체의 건설 과정에서 중앙정치 수준에서만의 접근은 한계가 있을 수 있다. 통일 한국의 중앙-지방

---

2   독일은 1992년 12월 기본법을 개정하여 보충성의 원칙을 헌법에 포함했다. 독일 기본법 23조 1항에는 "독일연방공화국은 …민주적, 법치국가적, 사회적 및 연방주의적 원리와 보충성(Subsidiarität)의 기본 원칙에 구속되며…"라고 규정하고 있다.

관계를 생각할 때 연방제에 대한 논의가 제기되는 것은 이 때문이다(강원택 2011). 현실적으로 상이한 체제를 가진 두 개의 '국가'가 존재해 온 상황에서 통일 한국의 중앙정부가 남한과 북한이라는 하위 영역의 특이성, 상이함을 인정하지 않은 채 동질성 확립을 위해 획일적인 가치나 제도를 하향적으로 강요하려고 한다면 통합의 과정은 오히려 난항을 겪을 수 있다. 더욱이 통일 한국이 건강한 자유민주주의 체제로 나아가기 위해서는 남북한 (특히 북한의) 주민들이 자기가 거주하고 있는 하위 행정 단위의 구체적인 정책 결정과정에 적극적으로 참여할 수 있는 기회를 부여하는 일이 매우 중요하다. 연방제가 된다고 해도 남과 북이 각각 최종적 하위 단위가 되기보다, 더 낮은 지역 단위에서의 자율성을 강화하고 이를 토대로 자치 역량을 강화해 간다면 통일 이후의 사회적 통합에 보다 큰 도움을 줄 수 있을 것이다.

이처럼 시대적 변화나 우리 사회 내부의 변화, 그리고 통일과 같은 미래의 일을 고려할 때, 이제는 기존의 행정 통치 중심의 지방자치로부터 주민이 참여하여 스스로 통치하는 진정한 의미의 자치가 가능하도록 변화를 이끌어 내야 한다. 그렇다면 무엇을 해야 할까?

IV. 무엇을 해야 하나

새로운 지방자치를 위한 가장 중요한 변화의 방향은 지방이 스스로 하나의 완결성을 지닌 정치적 생태계가 되도록 하는 것이다. 다시 말해 지방이 중앙정치에 대한 예속에서 벗어나고 지역 공동체 주민의 참여에 의해 운영되는 완결적인 정치 구조를 이루는 일이 필요하다는 것이다.

사실 현재의 지방정치는 여러 가지 면에서 왜곡된 특성을 지니고 있다. 정당 정치의 측면에서만 보아도 서울과 수도권을 제외한 많은 곳에서 지방정치는 사실상 일당 지배가 장기간 지속되고 있다. 지역주의 정당 정치로 인해 지방정치는 지역 내부의 정치적 다양성이 정치제도를 통해 효과적으로 반영되고 있지 못하며, 정치적 경쟁도 제대로 이뤄지지 못하고 있다. 이러한 왜곡된 정치 구조는 또 다시 지방정부와 단체장에 대한 효과적인 견제와 균형의 원리를 실현하지 못하게 만들고 있으며, 지방정부뿐만 아니라 그 지역의 패권 정당에 대한 정치적 책임성도 제대로 따지지 못하게 하고 있다. 지방정치가 그 스스로 내부적으로 완결된 정치 생태계로 작동하지 못하고 있는 것이다. 이 때문에 내부적으로는 학연 등으로 얽힌 지역 내 소수 엘리트가 중앙정치와의 연계 속에서 지역 정치를 좌지우지하는 폐단이 나타나고 있다. 즉 "지역 토호로 불리는 지방 지배연합의 실체, 기업가적 지방정부와 관료적 지배의 기이한 조합이 야기하는 왜곡된 지방발전, 정당을 매개로 하는 비민주적 지방정치와 중앙 종속성"(강명구 2009: 15-16)이 제대로 된 지방자치를 막고 있는 것이다. 이러한 문제점을 개선하기 위해서는 지방이 지방 스스로의 문제를 해결할 수 있도록 하기 위한 법적·제도적 개선이 필요하다.

첫째, 지방 통치 구조의 다양화와 과감한 분권이 요구된다. 현재와 같이 중앙정부가 획일적으로 정해주는 방식에서 벗어나 지역 주민들이 스스로 그 지역의 특성에 맞는 거버넌스 구조를 선택할 수 있도록 하는 일이 필요하다. 즉, 지방자치 거버넌스 구조를 지역별로 다양화할 수 있도록 하는 것이다. 예컨대, 미국이나 영국 등 외국의 지방정부 유형은 단일한 형태가 아니며 지역별로 다양한 형태를 허용하고 있다. 우리도 이와 같이 복수의 대안을 두고 지방이 스스로 통치 형태를 선택할 수 있도록 하는 일이 필요하다. 이는 지역 실정을 제대로 반영할 수 있는 지역 공동체의 통치 구조를 만들어낼 수 있다는 점에서 보다 효율적인 자치가 가능하며, 무엇보다 해당 지역 공동체의 거버넌스 구조를 스스로 선택했다는 점에서 자치의 원리에도 부합한다. 또한 현재와 같은 획일적인 구조하에서는 지방정치가 정당을 매개로 중앙정치에 예속되기 쉽지만, 지역의 거버넌스 구조가 다양화된다면 정당이 지역마다 상이한 형태로 대응해야 하기 때문에 그만큼 중앙정치에 대한 일방적 예속으로부터 벗어나기 쉬울 것이다. 다양한 형태의 대안적 방식을 허용하는 것은 지방이 중앙의 견제와 간섭에서 벗어나 스스로를 다스리는 데 큰 도움이 될 뿐만 아니라, 인식론적으로도 지방의 거버넌스를 획일적으로 바라보는 시각에서 벗어나게 하는 데 도움을 줄 것이다.

　여기서 한 걸음 더 나아간다면 지역마다 단체장과 지방의회 의원의 임기를 별도로 정하도록 하는 방안도 생각해 볼 수 있다. 2년, 3년, 4년 등 단체장이나 의원의 임기를 각 지역 주민의 뜻에 따라 결정하도록 한다면 더욱더 지방선거가 중앙정치의 대리전으로 치러지는 일은 피할 수 있을 것이다. 그런 만큼 지역 사안을 중심으로 한 논의가 지방선거 과정을 지배하게 될 것이다. 선거구의 크기, 의회의 규모나 조직 역시 중앙에서 획일적으로 정하고 있는 방식에서 벗어나 각 지역에 자율적 결정권을 부여하는 일도 생각해 볼 필요가 있다. 예컨대, 인구가 많을 뿐만 아니라 밀집해 있는 서울의 구(區)와 인구가 적고 공간적으로 산재되어 있는 강원도의 군(郡)이 동일한 구조와 체제로 운영될 필요는 없는 것이다. 각 지역의 상황에 맞는 거버넌스의 구조를 지역마다 주민들이 모색하고 선택하게 하는 이런 다양성의 허용은 민주주의의 실험장으로서 지방정치의 의미를 높일 뿐만 아니라 주민들이 직접 자신들의 삶에 영향을 주는 거버넌스의 구조를 선택하도록 함으로써 지방자치에 대한 관심과 책임감을 높일 수 있을 것이다.

　둘째는 현재와 같은 동시 지방선거 방식에서 벗어나는 일이다. 1995

년 동시 지방선거가 실시된 이래 거의 모든 지방선거 때마다 제기되는 비판은 지방선거가 중앙정치의 논리에 의해 진행된다는 것이었다. 즉 지방선거는 지방적 행사이기보다 중앙정치의 대리전이라는 것이다(강원택 1999). "지방자치 선거는 분명 중앙정치의 연장선상에서 치룬 하위리그(minor league) 게임에 다름 아니었다"(강명구 2009: 10)는 평가는 이러한 문제의식을 잘 보여주는 것이다. 그러나 이는 지금의 동시 선거 방식에서 벗어나면 쉽게 해결될 수 있는 일이다. 예를 들면, 서울시장의 경우 2011년 당시 오세훈 시장이 무상급식에 대한 주민투표에서 패배하면서 사임했다. 이에 따라 보궐선거가 실시되었는데, 새로이 선출되는 서울시장의 임기를 오세훈 시장의 잔여 임기가 아니라 새로이 임기를 시작하는 것으로 했더라면, 2014년 지방선거에서는 서울시장은 선출하지 않게 되었을 것이다. 이는 2012년 김두관 지사가 그 직에서 사임한 경남 지역에도 마찬가지로 적용될 수 있을 것이다. 사실 선거법 위반이나 임기 중 부패나 독직 사건으로 인해 그 직에서 물러난 단체장의 수는 적지 않은 편이다. 이런 사건이 발생할 때마다 보궐선거에서 새로운 4년을 담당할 단체장을 선출했더라면 오늘날에는 지방선거가 지닌 중앙정치적 의미는 크게 줄어들었을 것이다. 그렇게 되었다면 지방선거는 전국적 행사가 되지 않았을 것이고, 중앙정치의 대리전적인 성격도 희석되었을 것이다. 선거운동 과정 역시 중앙정치적 사안보다 지역의 관심사나 문제를 중심으로 전개되었을 것이다. 사실 단체장 유고시 잔여 임기가 아니라 새로이 임기를 시작하도록 개정하는 일은 크게 어려운 일은 아니다. 실제 문제는 '일시에 모든 자치단체를 대상으로 동시에' 선거를 치러야 한다는 획일적인 사고방식이다.

세 번째는, 자율적인 형태로 기초단체보다 하위의 자치 조직 결성을 허용하는 것이다. 현실적으로 볼 때 현재와 같이 행정 단위를 중심으로

한 일률적인 광역, 기초 단체의 구성은 불가피하다. 그러나 이러한 행정
단위 중심의 자치는 현실적으로는 적지 않은 문제점을 낳고 있다. 예컨
대, 서울의 기초자치 단위인 구의 경우를 보면, 송파구의 경우 인구수는
67만 5천 명가량이며, 노원구는 59만 4천 명, 강서구는 57만 5천 명이
넘는다. 서울에서 50만 명이 넘는 인구를 가진 구만 여섯 개에 달한다.[3]
물론 중구 13만 7천여 명, 종로구 16만 7천여 명처럼 서울에서도 구별
인구 편차가 작지 않지만, 평균적으로 서울에서 한 구에 거주하는 인구
는 41만 5천여 명이다. 이러한 인구 규모는 가장 '기초적인' 자치의 단위
로 삼기에는 너무나도 많은 숫자이다. 따라서 행정적으로는 구를 기초단
위로 삼는다고 해도, 그보다 하위 단위에서 주민들의 자발적 참여와 발
의에 의한 자치가 활발하게 일어날 필요가 있다. 그것이 현재와 같은 '동
(洞)' 단위로 이뤄질 수도 있지만 그러한 행정 단위와 무관하게 주민들의
일상적인 삶과 관련된 단위에서 자발적인 참여를 토대로 한 다양한 유형
의 자치가 가능하도록 할 필요가 있다.

또 한편으로는 면적을 기준으로 보아도 기초단위보다 하위의 자치
조직의 필요성을 생각해 볼 수 있다. 예컨대, 강원도 홍천군의 면적은
1,818km², 인제군은 1,646km²이다. 서울시의 면적이 605.2km²이기 때
문에 홍천군은 서울 면적의 3배, 인제군은 2.7배 정도에 달한다. 이렇게
넓은 면적에 걸쳐 있는 경우에는 같은 기초자치단체에 속해 있다고 하
더라도 주민들 간 효과적인 접촉이나 교류는 생각하기 어렵다. 지역별로
처해 있는 여건도 많이 다를 수밖에 없다. 따라서 현재와 같이 행정 단위
에 기초한 일률적인 기초단체의 체계는 주민의 자율적 참여를 통한 효과

---

3   서울통계 시스템(검색일 2014. 4. 15).
     http://stat.seoul.go.kr/jsp2/WWS8/WWSDS8111.jsp?cot=017&srl_dtl=10001&
     mnu_dtl=10018

적인 자치를 매우 어렵게 하고 있다.

따라서 행정 단위를 기준으로 한 기초단위 행정 자치 기구의 존재와 무관하게, 그 하위 수준의 지역이 스스로의 지역 공동체 문제를 다룰 수 있는 자율적인 기구의 설립과 운영을 허용하는 과감한 변화가 필요하다. 다시 말해서, 기초자치단위 아래의 주민의 자율적 조직 형성을 허용하고, 행정적 통제 중심에서 벗어난 지역 주민의 참여, 지역 공동체 조직의 자율성을 제고하려는 노력이 필요하다. 이런 경우에만 진정한 의미에서 지역 주민의 삶의 문제가 그들의 참여를 통해 스스로 해결될 수 있을 것이다. 기초단체보다 하위의 자치조직을 허용하는 경우에도 중앙정부가 획일적인 형태로 규정할 것이 아니라, 지방자치단체가 주민들의 의사를 물어 지역별로 상황에 맞게 자율적으로 결정하는 방식으로 이뤄져야 할 것이다.

이러한 개혁 방안은 지방자치가 실질적으로 자율적이고 자치적인 형태로 운영되도록 만들기 위해 생각해 볼 수 있는 여러 가지 대안 중 일부일 뿐이다. 사실 보다 중요한 것은 지방자치를 바라보는 인식의 변화이다. 앞서도 지적했던 것처럼, 지방자치가 실시된 지 20여 년이 흘렀지만, 중앙에 대한 지방의 자율, 지방정치의 민주화는 아직 제대로 이뤄내지 못하고 있다. 지방이 획일적인 중앙의 통제에서 벗어나서 지역 여건에 맞는 자율성을 확보하기 위해서는 다양하고 유연한 제도적 변화를 허용하는 것이 필요하다. 지역이 지역 내부의 문제를 해결하기 위한 거버넌스 구조를 주민 스스로 결정하도록 하는 것이 참다운 지방자치로 가기 위한 첫걸음이다.

V. 결론

지방자치가 실시되기 이전 한국의 지역 사회는 중앙정부의 일방적인 통치 대상이거나 전(前)근대적 정치 영역으로 존재해 왔다(김만흠 1999: 168). 그러나 1991년 이후 지방의회가 구성되고, 특히 1995년 이후 광역과 기초 단체장과 의회가 구성되기 시작하면서 지방은 적어도 형식적으로는 과거와 같은 중앙정부와의 위계적, 수직적 관계에서는 벗어나게 되었다. 그러나 20여 년이 지난 오늘날 뒤돌아 평가해 보면 적지 않은 세월의 흐름에도 불구하고 진정한 의미의 지방자치에는 여전히 다가서지 못하고 있는 듯이 보인다. 다음의 인용문은 지방자치 10년에 대한 평가인데 오늘날에도 그때와 마찬가지의 문제점을 느끼게 한다.

> 중앙은 권력과 재원 배분의 기제를 거머쥐고 지방에 독자적인 정치세력이 등장하는 것을 허용하지 않을 것이며, 각종 규제 장치를 통해 지방을 그 휘하에 묶어두고 통제할 것이다. 이 경우 지방자치는 사실상 행정적 분권화의 차원으로 그 의미가 한정되기 십상이며, 자치권 확대란 기껏해야 중앙정부의 일부 지엽적인 권한 및 재원을 지방정부로 넘겨주거나 이미 지방으로 위임된 행정 업무에 대한 결정 및 집행 과정에 재량권을 지방에 좀더 허용해 주는 정도에 머물 것이다(안청시·이광희 2002: 17).

이러한 문제가 여전히 제기되는 것은 무엇보다 지방자치를 바라보는 우리의 인식이 변화하지 않고 있기 때문이다. 즉 지방자치를 지역 단위에서 주민의 참여에 의한 민주적 공동체의 구현이라는 차원보다는 여전히 행정 통제적 시각에서 바라보고 있다는 것이다. 행정 통제적 시각에서는 주민의 자율, 참여, 헌신을 통한 지역 공동체의 운영이라고 하는 원래 의미의 '자치'에 대해서는 소홀할 수밖에 없으며, 여전히 강력한 힘을 지닌 중앙과의 관계가 보다 중요할 것이다.

그러나 진정한 지방자치를 위해서는 '지역을 지역에게 돌려주는' 일이 필요하다. 지역이 하나의 완결된 정치적 생태계가 되도록 함으로써 지역 내부에서의 건전한 경쟁, 다양성의 확보, 견제와 균형, 정치적 책임성과 반응성의 확립을 이뤄내야 하는 것이다. 이를 위해서는 과거 중앙의 직접 통치를 염두에 두고 만들어진 현 지방자치 제도의 틀을 과감하게 개혁하는 일이 필요하다.

이런 주장에 대한 반대의 논리는 아직까지 준비가 부족하다거나 주민의 역량이 모자란다는 것, 혹은 효율적이지 않다는 것이다. 그러나 아래의 인용문에서 보듯이, 지방자치가 실시되기 이전의 논의에서도 이에 대한 반박의 논리를 찾을 수 있다.

> 국민의 정치의식이나 참여능력의 한계성의 문제는 지방자치 성공의 저해 요인이면서 동시에 지방자치의 실시를 통하여서 개선할 수 있다는 일견 모순된 그러나 피할 수 없는 유기적 관계를 내포하고 있다. 이것은 마치 정당의 취약성이 의원내각제 채택을 어렵게 한다지만 바로 의원내각제의 정립만이 정당제도의 획기적 발전을 가져올 수 있다는 것과 유사한 정치적 논리의 일단이다. 그러한 정치적 논리의 악순환에 종지부를 찍는 것은…역시 정치적 결단의 문제이다(이홍구 1985: 19).

더욱이 이 인용문이 쓰였을 때와 오늘날의 한국 사회는 정치적으로 엄청난 변화를 겪었다. 무엇보다 중앙정치적으로 상당한 수준의 민주적 공고화를 이뤄왔다. 이제 우리 민주주의가 지방정치에까지 스며들어야 할 때다. 주민 참여나 실질적 지방자치가 효율성을 낮춘다는 주장 역시 근거가 약하다. 미국의 뉴햄프셔 주 런던데리에서의 주민총회에 대해 관찰한 후, 남궁곤(2006: 69-70)은 다음과 같이 평가하고 있다.

> 런던데리 타운미팅에 참가하는 주민들이 여러 의제들에 관한 정보를 얻고 타운이 제공하는 공공서비스에 상당히 만족하고 있음을 볼 때 타운미팅이 차지하는 정치적 효능감과 연대감의 형성 기능이 현저하다는 점도 주목된다.

지방자치가 그 의미 그대로 지방 주민에 의한 자치를 이뤄내도록 변화시키기 위해서는 무엇보다 올바른 방향으로 변화를 이끌어내겠다는 '의지'가 필요하다. 우리 민주주의가 한 단계 더 심화하기 위해서, 그리고 새로운 사회 발전의 동력을 얻기 위해서 이제 지방이 주민의 참여에 의해 지방 스스로의 문제를 해결해 낼 수 있도록 제도적 개선책을 마련해야 한다. 이제는 지방을 지방에게 돌려줘야 한다.

한국인의 시민문화: 참여의 위기와 지방정치

박원호

I. 들어가며

정치과정이라는 것은 진공의 빈 공간에서 이루어지는 것이 아니라 시민들이 호흡하는 정치문화라는 토양 위에서 이루어진다. 이것을 알몬드와 버바(Almond and Verba 1989) 등은 시민문화(civic culture)라고 불렀으며 퍼트남(Putnam 2001; Putnam et al. 1994)은 사회의 질을 결정하는 사회적 자본(social capital)이라 불렀다. 제도나 리더십만큼이나 한국 지방정치의 성패를 좌우하는 것은 시민들의 지방자치와 관련된 문화일 것이다. 특히 퍼트남의 관찰에서 흥미로운 부분은 로컬한 공동체에서 시민들이 얼마나 잘 연결되어 있으며 이들이 얼마나 신뢰하고 얼마나 참여하는가 하는 것이 민주정치의 가장 핵심적인 토양이라는 것이다. 이곳에서 핵심적으로 살펴볼 주요한 내용은 주어져 있는 제도의 외양을 살피는 것에서 벗어나서 한국인의 의식에 존재하는 민주정치, 지방정치와 시민정치의 토양이 무엇인지를 검토해보는 것이다.

　　한국인의 참여 문화를 평가하는 것은 쉬운 일이 아닐 터이지만, 세계적으로 공신력 있는 조사연구들을 이용하여 비교국가적(cross-national)인 방법을 택해 한국이 다른 나라들에 비해, 특히나 참여의 전통과 실천이 누적된 나라들과 비교해 볼 때 어떤 위치를 점하고 있는지를 살펴본다면 우리의 참여 문화에 대한 보다 디테일한 상을 그릴 수 있을 것이라 생각한다. 더 중요하게는, 이러한 비교 연구를 통해서 한국정치의 나아갈 방향과 미래의 모습을 볼 수 있는 기회가 되지 않을까 생각한다.

　　시민문화론적 시각은 알몬드와 버바 등에 의해 시작된 연구의 흐름으로서 정치체제에 대한 시민들의 문화를 향리형(parochial), 신민형(subject), 참여형(participant) 등으로 나눈다. 이들에 의하면 참여적인 문화를 위한 가장 중요한 전제조건들은 정치체제에 대한 일반적인 인지 혹은 지식, 정치적 투입 과정에서의 의사소통과 관심, 정치체제에 대한 신뢰와 정치에 대한 효능감 등이라는 점이다. 이러한 부분들을 좀 더 자세히 살펴보고, 이러한 내용들에서 한국이 세계의 다른 나라들에 비해 어떤 위치에 자리잡고 있는지를 살펴볼 것이다.

II. 체제에 대한 불신과 정치 효능감

한국인들의 정치문화에서 가장 중요한 한 축은 이들이 체제에 대해 가지는 매우 높은 수준의 불만이라고 할 수 있다. 한국인이라면 누구나 느끼는 것처럼 우리는 한국의 정치와 정치인들, 그리고 정치체제에 대해 기본적인 불만을 가지고 있다. 정치적 염세주의라고 일컬어질 수 있는 이러한 정치문화의 근원은 물론 굴곡으로 얼룩진 한국 정치사에 연원하는 것일 수밖에 없겠지만, 2000년대에 조사된 선거체계비교조사(CSES:

표 1. 정치체제에 대한 만족도

순위	국가(선거연도)*	평균	국가(선거연도)**	평균
1	덴마크(2007)	1.78	덴마크(2001)	1.73
2	노르웨이(2009)	1.92	호주(2004)	2.02
3	노르웨이(2005)	1.94	미국(2004)	2.03
4	호주(2007)	1.94	아일랜드(2002)	2.10
5	미국(2008)	1.96	노르웨이(2001)	2.11
6	태국(2007)	2.00	스위스(2003)	2.16
7	스웨덴(2006)	2.05	스웨덴(2002)	2.17
8	우루과이(2009)	2.06	스페인(2004)	2.18
9	스위스(2007)	2.07	캐나다(2004)	2.24
10	아일랜드(2007)	2.11	영국(2005)	2.24
11	스페인(2008)	2.14	핀란드(2003)	2.27
12	캐나다(2008)	2.15	아이슬란드(2003)	2.29
13	네덜란드(2006)	2.17	뉴질랜드(2002)	2.30
14	네덜란드(2010)	2.19	칠레(2005)	2.30
15	핀란드(2007)	2.19	일본(2004)	2.31
16	오스트리아(2008)	2.20	벨기에(2003)	2.31
17	필리핀(2010)	2.21	네덜란드(2002)	2.32
18	핀란드(2011)	2.21	대만(2001)	2.33
19	아이슬란드(2007)	2.26	대만(2004)	2.47
20	뉴질랜드(2008)	2.29	프랑스(2002)	2.49
21	프랑스(2007)	2.30	필리핀(2004)	2.50
22	남아프리카(2009)	2.37	독일(2002)	2.50
23	브라질(2010)	2.40	포르투갈(2002)	2.57
24	폴란드(2007)	2.41	루마니아(2004)	2.59
25	벨라루스(2008)	2.46	헝가리(2002)	2.60
26	터키(2011)	2.47	홍콩(2004)	2.62
27	대만(2008)	2.48	케코(2002)	2.62
28	독일(2005)	2.49	슬로바니아(2004)	2.67
29	독일(2009)	2.53	포르투갈(2005)	2.67
30	홍콩(2008)	2.54	키르기즈스탄(2005)	2.68
31	일본(2007)	2.55	이스라엘(2003)	2.74
32	에스토니아(2011)	2.57	폴란드(2001)	2.74
33	체코(2006)	2.61	이탈리아(2006)	2.74
34	브라질(2006)	2.62	페루(2006)	2.76
35	멕시코(2006)	2.64	알바니아(2005)	2.81
36	멕시코(2009)	2.65	러시아(2004)	2.82
37	대한민국(2008)	2.66	멕시코(2003)	2.87
38	페루(2011)	2.68	대한민국(2004)	2.87
39	체코(2010)	2.70	브라질(2002)	2.95
40	아이슬란드(2009)	2.74	영국(2001)	3.16
41	슬로바키아(2010)	2.77		
42	폴란드(2005)	2.80		
43	포르투갈(2009)	2.81		
44	슬로바니아(2008)	2.84		
45	이스라엘(2006)	2.88		
46	라트비아(2010)	2.90		
47	그리스(2009)	3.01		
48	루마니아(2009)	3.02		
49	크로아티아(2007)	3.04		

*3차 조사 (2006~2011) 기준 **2차 조사 (2001~2006) 기준
출처: 비교선거체계연구(CSES)

Comparative Studies of Electoral Systems) 등에서 보이는 것처럼 체제에 대한 만족도는 서구의 선진민주주의 국가들은 물론이고 동구권이나 남미 등의 국가들에 비해서도 매우 뒤떨어진다는 사실을 알 수 있다.

이러한 체제에 대한 불만족은 체제에 대한 불신으로 이어지며 낮은 수준의 정치적 효능감으로 나타난다. 즉 정치과정을 통해서 개인들의 삶의 문제들을 해결할 수 있는 능력에 한국인들은 매우 강한 불신을 나타낸다는 것이다.

주지해야 할 사실은 정치적 효능감이라는 하는 것, 즉 내가 정치세계에 영향을 미칠 수 있다는 자신감이나 믿음은 두 가지의 요소를 전제로 한다는 점이다. 첫째는 앞서 살펴본 것처럼, 정치체제가 개인의 요구들을 과연 잘 수용하고 들어줄 수 있는 혹은 문제를 해결할 능력이 있는 체제인가에 대한 믿음이다. 이것을 우리는 외적 효능감(external efficacy)이라 부를 수 있을 것이다. 이에 반해 둘째, 개인들은 정치체제나 과정에 대한 이해와 토론을 위한 스스로의 정치적 역량에 대한 자신감이 있어야 할 것이다. 이것을 우리는 내적 효능감(internal efficacy)이라 부를 수 있을 것이다.

한국인의 정치적 비극은 사실 이러한 낮은 외적 효능감과 높은 내적 효능감의 격차에서 발생한다고 해도 과언이 아니다. 즉 정치체제에 대한 불만과 불신은 매우 높은 반면 스스로의 정치적 역량에 대한 자신감은 대단히 높은 것으로 나타나고 있다는 점이다. 한국인들의 정치적 지식 수준은 세계의 다른 나라와 비교해도 매우 높은 수준이며 정치과정이나 정치적 현상을 이해하고 참여할 수 있는 스스로의 능력에 대한 자신감은 매우 높은 것으로 드러난다.

이러한 내 · 외적 효능감과 참여의 관계는 다음의 그림과 같이 나타낼 수 있을 것이다. 여기에서 보이는 것처럼 만약 내 · 외적 효능감이 동시에 높게 나타난다면 이것은 높은 수준의 정치참여로 이어질 것이고, 구미 선진국들에서 보이는 정치문화와 참여의 패턴이 이와 같다고 할 것이다. 특히나 지방정치라는 생활 정치의 영역에서 볼 때 정치체제의 정책결정에 직접적인 영향을 미치고 참여하며, 이것을 통해 개인의 정치적 역량이 다시 개발되는 선순환의 과정은 시민문화와 참여의 연결고리이다.

외적 효능감

		저	고
내적 효능감	고	참여의 위기	참여의 선순환
	저	참여의 부재	신민(臣民)적 참여

한국의 정치문화가 서 있는 곳을 반추한다면 높은 내적 효능감과 낮은 외적 효능감으로 특징 지을 수 있는 "참여의 위기"에 가깝다고 자리매김할 수 있다. 그림에서 보이는 것처럼 시민들이 정치적 과정에 참여할 수 있는 에너지는 상당히 높은 편인데, 이것을 수용할 수 있는 체제의 역량에 대해서는 시민들이 매우 회의적이라는 사실이다. 이러한 딜레마를 해결할 수 있는 방법은 아마도 전통적인 참여, 즉 투표나 정당, 시민단체 등을 경유하는 통상적인 참여가 아니라 개인이 주체가 되는 항의나 시위 등을 통한 비관습적 참여(unconventional participation)의 새로운 대안적 채널을 찾아내는 일일 것이다. 아마도 우리가 지난 몇 년 사이에 매우 활발한 '거리의 정치'를 보았던 이유도 이러한 것에 연유하지 않나 하는 생각이다. 이를 "참여의 위기"라 부를 만하다.

세계 여러 국가들과의 비교 속에서 한국의 이러한 독특한 위상은 매우 흔히 관찰된다. 한국인들의 정치적 지식 수준이나 정치관심도는 세계적으로 가장 높은 수준인 반면, 앞서 살펴본 정치체제에 대한 만족도나 효능감은 세계적으로 최하위권 수준이다. 예를 들어 최근의 CSES 자료

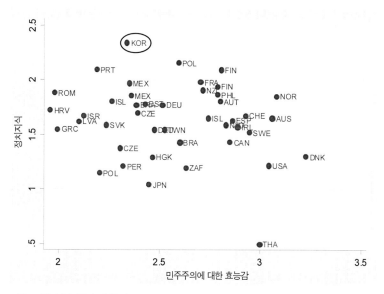

그림 1. 정치효능감의 세계 지도

를 통해서 본 한국 시민들의 정치적 지식(내적 효능감)은 세계에서 가장
높은 수준인 것과는 대조적으로 민주주의 체제에 대한 믿음은 매우 낮은
수준인 것을 알 수 있다. 물론 국가 간 정치적 지식의 수준이라는 것이
항상 컨텍스트의 영향을 받는 것이기 때문에 단순비교가 용이하지는 않
다는 점을 주지해야겠지만, 핀란드, 노르웨이 등을 포함한 유럽 국가들
이 앞서 지적한 "참여의 선순환" 부분에 일관되게 위치하고 있다는 점을
본다면 이러한 분류가 일정한 정치적 유의미성을 지니고 있다고 보아야
할 것이다.

III. 참여의 위기와 정당의 위기: 정상적 참여에서 거리의 참여로

그렇다면 한국이 처해 있는 참여의 위기 상황이란 어떤 것인가? 이를 밝히기 위해서는 한국 시민들의 다양한 참여의 패턴들을 밝히고 그 변화의 동인들을 살펴야 한다. 가장 주요하게는 기존 참여의 형태들이 새로운 모습으로 변화되어 가는 '참여의 대체' 현상이 존재하는지를 살펴보고, 나아가 이것이 어떠한 방향으로 가는지를 살펴볼 것이다.

우선 가장 근본적이고 쉬우면서도 민주주의의 중핵을 이루는 투표 참여를 살펴보자. 그림 2에서 보이는 것처럼 무엇보다도 한국의 투표율은 매우 빠른 속도로 감소해 온 것을 알 수 있다. 이러한 투표율의 감소 현상은 상당히 빠른 속도와 진폭으로 진행된다고 할 수 있는데, 그것은 한국과 비슷한 단계/특징의 국가뿐 아니라 신생민주주의 국가 일반에 있어서도 매우 빠른 폭의 투표율 하락이라 할 수 있다. 투표율의 전반적 하락은 비교적 일반적인 현상이지만 그것이 한국에서만 유독 두드러져 보이는 이유는 무엇인가?

그림에서 보이는 것처럼 한국의 투표 참여는 특히 1987년 민주화 이후 꾸준한 하락의 경향을 보여왔다. 대통령선거보다는 국회의원선거가, 그리고 여타의 선거들보다는 지방선거의 참여율이 매우 저조했는데, 최근의 몇 선거에서 참여율의 반등세가 보이기도 한다. 어떤 의미에서는 이러한 투표를 통한 전통적인 참여가 다른 형태의 참여로 대체되어 온 것이 아닌가 하는 가설을 세워볼 수 있을 것이다.

이러한 '전통적 참여'의 위기는 매우 단순한 투표에서도 보이지만, 정당을 통한 참여에서는 더욱 명백하게 보인다. 민주주의 정치과정을 생각한다면 정당은 대안을 제시하고 시민들의 체제로의 의견과 이해를 대표하는 가장 전통적인 기제라고 할 수 있다. 표 2에서 보이는 것처럼

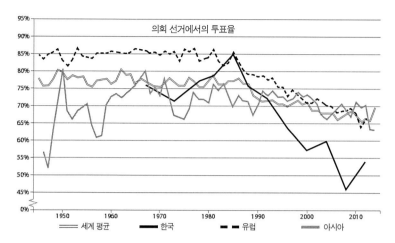

그림 2. 투표율의 하락: 한국과 세계의 의회 선거

출처: IDEA

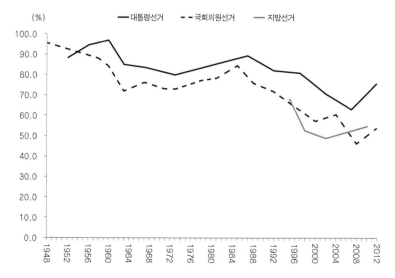

그림 3. 한국의 투표 참여 변화 추이

표 2. 정당 참여지수

순위	국가	지수	순위	국가	지수
1	미국	2.97	21	필리핀	3.71
2	우루과이	3.19	22	스위스	3.71
3	캐나다	3.41	23	아일랜드	3.72
4	베네수엘라	3.41	24	독일(동)	3.74
5	이스라엘	3.42	25	브라질	3.77
6	노르웨이	3.46	26	슬로베니아	3.78
7	오스트리아	3.52	27	러시아	3.79
8	사이프러스	3.59	28	프랑스	3.79
9	멕시코	3.61	29	스페인	3.80
10	대만	3.62	30	포르투갈	3.82
11	스웨덴	3.63	31	호주	3.83
12	뉴질랜드	3.65	32	일본	3.84
13	네덜란드	3.67	33	라트비아	3.84
14	불가리아	3.68	34	대한민국	3.85
15	슬로바키아	3.69	35	독일(서)	3.86
16	체코	3.69	36	칠레	3.87
17	덴마크	3.69	37	헝가리	3.90
18	영국	3.70	38	폴란드	3.90
19	벨기에(플란더스)	3.70			
20	핀란드	3.70			

출처: 국제사회조사연구(ISSP2004)

2004년에 수행된 국제사회조사 연구에 의하면 한국은 38개 국가 중에서 최하위에 가까운 34등을 기록하여 시민들의 정당을 통한 정치과정에의 참여가 매우 부진하다는 사실을 보여준다.[1] 정당에 대한 한국인들의 부

---

1   "People sometimes belong to different kinds of groups or associations. For each type of group, please indicate whether you: belong and actively participate; belong but don't actively participate; used to belong but do not any more; or have never belonged to it.

Q.6a A political party

1. Belong actively, participate

2. Belong, don't participate

3. Used to belong

정적 인식은 매우 새삼스러운 것이기는 하지만, 정치과정에의 참여를 보장하는 가장 핵심적인 기제로서의 정당이 시민들의 정치적 삶과 유리되어 있다는 것은 민주주의 정치의 커다란 적신호가 아닐 수 없다.

동일한 조사에서 한국의 시민들은 여러 형태의 다른 참여들, 즉 서명, 구매 보이콧, 정치인 접촉, 기부, 미디어를 통한 의견 표출 등의 분야에서도 중간이나 하위권 정도의 수준에 지나지 않는다. 특기할 사실은 2008년 세계 가치조사(World Value Survey)에 의하면 한국 시민들은 이상과 같은 관습적인(conventional) 체제 내의 정치활동에서 다른 나라에 비해서 평균적이거나 낮은 수준의 참여를 보이는 반면, 시위 등의 비관습적인(unconventional) 참여에 관해서는 가장 높은 수준의 참여 의사를 보인다는 점이다.

권위주의 정권을 무너뜨린 한국의 민주화 과정에서 이러한 시민들의 체제 외부로부터의 '참여'가 매우 중요한 역할을 수행했던 것도 사실이고, 어떤 의미에서는 이러한 전통이 여전히 한국인들의 뇌리에 남아 있기 때문일 수 있지만 한 가지 분명한 사실은 한국 시민들에게 참여는 체제 내에서 규정된 절차를 통한 토론과 설득의 과정이라기보다는 거리, 즉 정치과정의 바깥에서 의사를 표출하는 형태로 생각되고 있다는 점이다.

이 원인은 물론 우리의 정치체제에 대한 낮은 신뢰, 낮은 정치적 효능감에 기인한 바가 클 것이다. 우리의 정치과정은 투명하지 못한 것으로 인식되고 있고, 우리의 정당은 시민들의 의사를 모으는 데 실패했으며, 관습적인 체제 내적 의견이나 이익의 표출은 너무나도 더디기 때문일 것이다. 그리고 이것은 우리 시민들의 상대적으로 매우 높은 정치적 역량—그것이 객관적인 정치적 식견이건 스스로 인지하고 있는 내적 효

4. Never belonged"

표 3. 시위에 참여할 의사

순위	국가	평균	순위	국가	평균
1	크로아티아	2.45	34	폴란드	2.71
2	스웨덴	2.49	35	콜롬비아	2.72
3	아르메니아	2.51	36	독일	2.74
4	보스니아	2.52	37	러시아	2.74
5	대한민국	2.52	38	조지아	2.74
6	캐나다	2.54	39	알제리아	2.75
7	방글라데시	2.54	40	남아공화국	2.75
8	뉴질랜드	2.55	41	에스토니아	2.75
9	호주	2.58	42	아르젠티나	2.75
10	불가리아	2.58	43	스위스	2.76
11	체코	2.59	44	헝가리	2.76
12	미국	2.60	45	라트비아	2.77
13	세르비아	2.60	46	벨라로스	2.77
14	이스라엘	2.62	47	일본	2.78
15	노르웨이	2.62	48	푸에토리코	2.79
16	페루	2.63	49	터키	2.85
17	슬로베니아	2.63	50	우크라이나	2.85
18	우간다	2.64	51	짐바브웨	2.87
19	슬로바키아	2.65	52	대만	2.88
20	루마니아	2.65	53	과테말라	2.88
21	마케도니아	2.66	54	필리핀	2.88
22	멕시코	2.67	55	베네수엘라	2.88
23	리투아니아	2.67	56	베트남	2.89
24	스페인	2.67	57	탄자니아	2.89
25	우루과이	2.68	58	키르키즈스탄	2.89
26	칠레	2.68	59	인도네시아	2.90
27	브라질	2.68	60	엘살바도르	2.91
28	인도	2.69	61	알바니아	2.94
29	몰도바	2.69	62	모로코	2.94
30	핀란드	2.70	63	요르단	2.94
31	아제르바이잔	2.71	64	파키스탄	2.97
32	나이지리아	2.71	65	이집트	2.97
33	도미니카	2.71			

출처: 세계가치조사 (World Value Survey 2008)

능감이건―과 심각한 충돌을 빚고 있는 것이다. 이러한 한국인의 정치참여와 관련된 상(像)은 매우 어두운 것이 사실이다.

이것에 대한 즉자적인 해결안은 매우 간단한 것일 수도 있다. 시민들의 정치적 역량과 참여의 에너지를 체제 내의 정치과정으로 흡수하는 것, 그리고 이를 위해서 정치체제에 대한 시민들의 믿음을 회복하고 시민들의 삶과 직결되는 정당정치를 복원하는 것 등의 해묵은 과제일 것이다. 그러나 이것은 아마도 누구나 알고 있는 해답일 것이다.

이하에서는 한국인들의 정치참여를 위한 자산들이 무엇인지에 보다 주목하고자 한다. 이러한 바탕하에서 시민들의 참여를 증진시키는 방식으로서의 지방정치의 함의를 보다 적극적으로 해석할 것이다.

IV. 지방정치를 위한 자산과 장애

정치문화론에 입각하여 민주주의 정치의 가능성을 타진하는 여러 시각들 중에서 사회자본론(social capital)적인 시각은 한국의 정치참여에 대한 하나의 중요한 실마리를 제공한다. 퍼트남에 의하면 민주정치제도의 성공 조건은 사회경제적인 조건이 아니라 사회적 신뢰와 사회연결망 등 사회문화적 자원이라는 것이다. 이 관점에 의하면 사회신뢰는 공공목적을 위한 시민들 간의 자발적인 협력행동을 가능하게 하여 시민의 정치역량을 증대시킨다는 것이다. 그리고 이러한 사회신뢰는 사회협동구조인 연결망이 조밀한 곳에서 형성된다는 것이다. 이러한 신뢰와 연결망 등으로 정의되는 사회문화적인 자원이 바로 사회적 자본이다.

한국의 사회적 자본을 돌이켜보면 매우 독특한 형태를 띠고 있다는 사실을 알 수 있다. 한국인들의 일반적인 신뢰수준은 그렇게 높지 않은

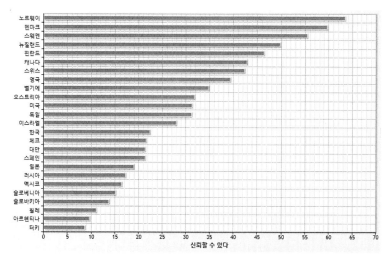

그림 4. 일반인에 대한 신뢰 (ISSP 2010)

편이며 세계와 비교해도 일반적인 신뢰 수준은 평균이거나 평균 이하 정
도에 머물고 있다. 그러나 그 이면에는 사회적 관계에서 '내집단'과 '외
집단'에 대한 신뢰가 상당한 격차를 보이고 있음을 지적할 수 있을 것이
다. 전통적인 공동체성이나 귀속적 집단주의 등은 매우 강한 내집단 연
대성과 신뢰성, 외집단에 대한 무관심이나 적대감으로 표현되기도 한다.
한국정치를 지배하는 지역주의의 연원도 어떤 의미에서는 이러한 정치
문화의 또 다른 표현일지도 모른다.

　　이곳에서 주목하는 바는 이러한 내집단 신뢰와 외집단 무관심이라
는 정치문화적인 속성이 근본적으로 지방정치의 과정과 친화성이 있지
않은가 하는 점이다. 일견 전근대적으로 보이기까지 하는 한국 시민들의
신뢰나 사회적 자본의 양상은 전국적인 정치(national politics)에서는
갈등의 양상으로 드러날 수 있지만 그것이 지방, 특히 보다 분절화된 소
규모의 거버넌스(localized governance)라는 차원과 맞닿게 되면 오히
려 협의와 토론의 가능성이 열릴 수도 있을 것이라는 점이다. 요컨대 한

국인의 정치문화는 지방적인 거버넌스와 근본적인 친화성이 있고, 다만 우리는 지방에 제대로 된 지방정치의 기회를 주지 않았을지도 모른다는 가설이 가능하다.

사회적 자본의 두 번째 요소인 사회적 연결망, 혹은 네트워크 또한 새로운 가능성을 제시한다. 전통적 사회에서의 조밀한 공동체적인 관계 가 도시화를 거치면서 상당 부분 파괴되었다면, 인터넷이나 사회네트워 크서비스(SNS)를 통한 공동의 관심사나 토론의 활성화는 이전의 사회적 연결망의 새로운 한 형태를 제공하고 있는 것도 사실이다. 한국인들이 세계 어느 나라보다 많이 SNS를 사용하고 온라인 토론을 활발하게 하는 것은, 그리고 보다 조밀하고 복잡한 네트워크 속에서 사는 것은 인터넷 의 인프라 때문이 아니라 실질적으로 복잡하고 두터운(dense) 네트워크 를 살기 때문인지도 모른다.

앞서 지적한 로컬한 공동체에서의 신뢰와 사회적 연결망의 결합은 전국 각지의 활발한 아파트 입주자 대표회의 등 주민자치기구들의 활동 에서도 드러난다. 공통된 관심사나 이해관계, 공동체적인 신뢰, 그리고 이들의 연결망을 구현해 줄 수 있는 온라인 게시판 등을 결합하는 순간 매우 로컬한 수준에서의 자치가 한국의 정치문화와 매우 친화성이 있다 는 것을 보여주는 것이다. 이제 문제는 이러한 로컬한 자치를 어떻게 지 방정치의 장으로 인입할 수 있는가 하는 문제일 것이다.

이제 검토해 보아야 할 것은 이상과 같이 정의된 지방정치, 혹은 생 활의 정치를 통한 참여를 가로막고 있는 것이 무엇인지에 대한 질문이 다. 가장 문제가 되는 부분은 지방정치와 지방선거가 지방적인, 그리고 지역적인 콘텐츠를 지닌 채로 진행되지 못했다는 점이다. 정치인들과 정 당은 지방선거를 항상 중앙정부와 연관 지어 치렀으며 유권자들도 이러 한 틀에서 벗어난 적이 없었다고 평가할 수 있다. 서두에서 지적하는 것처럼 우리의 지방정치는 중앙의 몇 가지 정책들이 편의적으로 위임된 부차적 선거[2]일 따름이고, 이러한 선거를 시민들이 중앙정치의 연장선상에서 사고하는 것은 사실 당연한 것인지도 모른다. 이를테면 동아시아연구원(EAI)에서 지난 2010년 지방선거에서 수행한 유권자 조사의 내용을 살펴보면, 한국의 유권자들이 지방선거를 내면화하는 방식은 매우 이중적이라는 사실을 알 수 있다.

한국 유권자들의 60% 이상은 지방선거가 중앙정부에 대한 평가의 의미를 지닌다고 생각하지만 동시에 또 다른 60%는 지방정부에 대한 평가의 의미를 지니고 있다고 생각한다. 전체 응답자들의 50%는 두 가지 진술에 동시에 공감을 나타낸다. 동일한 패턴으로 이들의 70%는 지방선거가 지역일꾼을 뽑아야 되는 선거라고 생각하면서도 동시에 다가올 대선의 전초전임을 잊지 않는다. 이러한 역설은 우리의 지방선거가 지니고 있는 문제점들을 고스란히 체현하고 있는데, 지방선거가 지방정치를 위한 것이어야 한다는 당위에 공감하면서도 이것이 실제로는 중앙정치와는 떼려야 뗄 수 없는 관계라는 현실을 알고 있다는 것이다.

요약하자면, 한국의 지방정치는 한국정치의 근본적인 문제점이라고 할 수 있는 참여의 딜레마를 풀어줄 수 있는 가능성을 지니고 있는 출구이다. 이를 위한 사회적 자본이나 네트워크 등의 '사회적 인프라'가 비교적 탄탄하게 자리 잡고 있는 것 또한 사실이다. 그러나 적어도 현재까지 문제가 되는 것은 이러한 지방정치를 통한 참여의 가능성을 구체화시킬 수 있는 거버넌스 구조가 존재하지 않는다는 점이며, 한국의 유권자들 또한 이를 너무도 잘 알고 있다는 사실이다. 지방정치적 거버넌스의

2　전혀 다른 맥락이지만 유럽연합 선거 등을 부차적 선거(second-order election)로 정의하는 것처럼 시민들의 실생활에 실질적 영향을 미치지 않거나 덜 미치는 것으로 지방선거가 생각된다면, 그것이 고유한 독자성을 지니지 못하게 될 것임은 주지의 사실이다.

표 4. 지방선거의 의미: 동아시아연구원 2010년 지방선거 패널조사

	매우 공감	대체로 공감	별로 공감 않음	전혀 공감 않음	모름/ 무응답
1) 중앙정부성과에 대한 평가이다	18.5%	42.0%	32.8%	5.4%	1.4%
2) 지방정부성과에 대한 평가이다	16.8%	44.3%	32.3%	4.8%	2.0%
3) 지역일꾼을 뽑는 선거이다	31.0%	40.8%	22.8%	4.5%	9.2%
4) 2012년 대통령 선거의 전초전이다	22.1%	34.4%	32.6%	8.9%	2.0%

구조가 채워야 할 자리는 중앙정치의 지부(支部)가 채우고 있으며, 로컬한 내용으로 채워져야 할 지방정치는 중앙정부의 잉여정책 영역으로 구성되어 있기 때문이다.

따라서 한국정치의 새로운 과제는 실질적인 내용적 참여를 이끌어 내고 보장하는 지방정치의 거버넌스 구조를 만들어 내는 것이다. 한국의 정치가 민주화의 과제를 수행한 지 25년이 지났고 그 이후의 과제가 민주주의의 공고화·성숙화라면, 그 구체적인 내용은 시민들의 정치체계로의 적극적 참여일 수밖에 없다. 한국에서의 지방정치의 유의미성은 그것이 이러한 시민들의 참여를 이끌어낼 수 있는 무한한 가능성을 지니고 있다는 점이다.

V. 나가며

한국인의 정치문화는 일견 민주주의적인 참여의 과정과는 배치되는 것으로 생각되어 왔다. 한국인들은 제도를 신뢰하지 않고 정당을 경유하지 않으며 체제 내에서의 정치과정에 참여하는 것보다 체제 바깥에서 의견을 표출하는 '거리의 정치'를 오히려 선호한다. 제도의 문제이며 정치문화의 문제이기도 한 이러한 참여의 위기는 한국정치의 가장 핵심적인 병

적 요인이기도 하다. 시민들이 정치과정에 참여를 포기한다는 것은 정치과정에서 이루어지는 정치공동체의 정책적 결정을 이들이 수용할 준비가 되어 있지 않았다는 사실이며, 언제든지 그러한 결정에 반하는 목소리를 제도의 바깥으로 가지고 나갈 준비가 되었음을 의미하기도 한다.

그러나 동시에 한국인들이 지니고 있는 정치문화적인 자산이 없는 것도 아니다. 한국의 시민들은 풍부한 정치적 식견과 지식으로 대표되는 정치적 세련도에서 세계의 어느 나라 국민들에게도 뒤지지 않으며, 정치과정에 참여하여 올바른 결정을 내릴 수 있다는 자신감도 매우 강하다. 즉 참여의 잠재적인 에너지는 매우 높은 편이며, 다만 그것을 보장해 줄 제도적 자산이 결여되어 있다는 것이다.

지방정치는 한국 시민들의 이러한 참여의 에너지를 분출할 수 있는 공간이 될 가능성이 다분하다. 내집단에 대한 높은 신뢰와 조밀하고 신속한 네트워크로 정의되는 독특한 한국 사회자본적 속성은 전국적인 정치보다는 소규모의 지방적 정치에 보다 더 친화성이 있으며, 이는 이미 주거공동체를 중심으로 한 자생적인 자치기구들의 성공을 통해서 입증되고 있다. 한국에서 민주주의의 성패 여부가 시민들의 참여를 어떻게 제도적 정치과정 속으로 편입할 것인가에 달려 있다면 그 해결은 지방정치의 장에서 시작되어야 할 것이며, 이러한 자생적인 자치기구들을 어떻게 지방정치에 공식적으로 연결 지을 것인가에 대한 고민에서 시작할 수밖에 없다. 이는 시민들의 로컬한 삶에 유의미한 영향을 줄 수 있는 방식으로 지방정치를 다시 고민하고 재편하는 작업이 될 것이며, 한국의 시민문화에 내재한 문제점들을 극복하고 장점들을 적극적으로 이용하는 방식이기도 하다. 아직 우리의 정치가 시민들이 믿고 참여할 수 있는 제도적 기회를 마련해 주지 못했다면, 이를 극복하는 지점은 지방에 제대로 된 지방정치의 기회를 부여하는 일일 것이다.

중앙정치 중심의 지방선거:
국회의원, 광역의원, 기초의원 먹이사슬 공천 …
경쟁 없는 선거[1]

가상준

I. 들어가며

정치권과 학계에서 지방선거를 둘러싸고 가장 논란이 되고 있는 사안은 기초단체장과 의원에 대한 정당공천제 실시 여부이다. 정당공천제를 둘러싸고 많은 논란이 있는 것은 이와 관련해서 핵심적인 두 가지 사안, 즉 지방의원 공천에서 국회의원(지역위원장)의 영향력 행사 및 공천비리로 인한 문제점 그리고 지방일꾼을 뽑는 지방선거임에도 정당공천제로 인해 지방정치의 중앙정치 예속화가 심화되고 있다는 점이 논란이 되고 있기 때문이다. 이로 인해 지방선거는 정당공천제로 인해 국회의원(지역위원장)에 의한 지방의원 먹이사슬 공천이 실시되고 있다고 말하고 있으며 지방선거가 지역발전 및 지역 인재 선출이라기보다는 대통령 및 정부에 대한 중간평가로 여겨지고 있다. 이는 지방정치뿐만 아니라 한국 정치의

전반적 발전을 위해 해결해야 될 문제로 지적된다. 많은 학자들은 이러한 문제점 해결을 위해 지방선거, 특히 기초단위 선거에서의 정당공천제 폐지를 주장하고 있다. 정치권에서도 상당한 논란이 있었으며 정당공천 폐지가 정당 간 합당의 명분이 되기도 했다. 그러나 정당공천제 폐지가 지방이 중심이 되는 지방선거 실시를 위한 그리고 먹이사슬 공천 해결을 위한 해답은 아니다. 이보다는 현재의 지방정부 권한 강화, 선거제 및 정당제 논의 등 제도적 변화가 필요하다. 이번 장에서는 이러한 두 가지 문제점을 해결하기 위해서는 어떠한 제도적 변화가 요구되는지 알아보려 한다. 특히 지방의원들의 현실감 있는 의견을 통해 어떠한 변화가 필요한지 살펴보고 지방정치 활성화에 기여할 수 있는 제도적 보완은 무엇인지 짚어본다.

II. 지방이 중심이 되는 지방선거 실현

현재 지방선거가 지방자치 실현을 위해 실시되고 있으나 전반적인 관심은 대통령에 대한 평가, 여당에 대한 평가를 통한 지방선거 결과 분석에 쏠리고 있다. 또한 국민들의 선거참여 및 투표결정도 지역의 일꾼에 대한 평가 혹은 지역 발전을 위해 필요로 하는 인물 선출이라고 생각하기보다는 중앙정부 업무 수행에 대한 중간평가에 의해 나타나고 있다고 말할 수 있다. 이로 인해 야당은 대통령, 정부, 여당에 대해 단호한 심판을 내려 달라고 유권자에게 호소하고 있으며, 여당은 대통령 및 정부가 추진하고 계획한 업무를 원활히 추진하기 위해 지지를 보내 달라고 부탁하고 있는 상황이다. 과거 지방선거에서 1998년을 제외하면 여당이 만족스러운 결과를 얻은 적은 없다. 1998년이 예외성을 갖는 것은 1998년 지방선거가 DJP연합으로 유리한 위치에 있었으며 무엇보다 김대중 정부의 임기 초(허니문 기간 동안)에 실시된 선거로 김대중 대통령의 높은 지지율 속에서 치러진 선거였기 때문이다.[2] 그러나 2002년 6월 지방선거에서 김대중 정부는 실망스러운 결과를 얻게 되는데 2002년 6월 김대중 대통령의 지지율은 38.7%로 1998년과 커다란 차이를 보였기 때문이다. 2006년 지방선거에서 여당인 열린우리당은 참패하게 되는데 노무현 대통령의 지지율은 35.0%로 낮은 편이었다. 2010년 이명박 정부에서 실시된 지방선거의 결과도 2002년, 2006년, 2010년과 마찬가지로 대통령 지지율에 상응하는 결과가 나왔다고 말할 수 있다.[3] 과거 지방선거 결과들은 중앙정치에 의해 지방선거 결과가 결정되어 버리는 지방선거의 현실을 보여주고 있는 것이다.

　지방선거가 지방의 현안 및 이슈가 중심이 되는 선거가 되지 못하고 중앙정치, 특히 대통령과 정부에 대한 평가가 중심이 되고 있는 것은 지방자치의 도입 취지와는 다르게 지방선거가 전개되고 있음을 보여주는 것이다. 이러한 원인이 어디에 있는지는 현재 중앙정부와 지방정부의 권한 및 사무의 배분 구조를 보면 알 수 있다. 중앙정부는 지방정부에 대하여 강력한 지도, 감독권을 보유하고 있다. 지방정부의 권한 내에 속하는 사무라 할지라도 중앙정부가 개입할 수 있는 법적 근거로 중앙의 우월적 권한이 인정되고 있다. 중앙부처는 주무장관이 시 · 도에 대해서, 시 · 도지사는 시 · 군 자치구에 대해 명령이나 처분이 법령에 위반되든지 혹은 부당하여 공익을 해한다고 인정할 때 서면으로 시정을 명하고 이행하지 않을 때는 이를 취소하거나 정지할 수 있다. 지방의회에 대해서도 중앙

2　R&R의 조사에 의하면 1998년 6월 김대중 대통령의 지지율은 80.5%로 매우 높은 편이었다.

3　2010년 6월 이명박 대통령의 지지율은 44.4%였다.

정부는 권한을 가지고 있는데 지방의회의 의결이 법령에 위반되거나 공익을 현저히 해친다고 판단되면 주무부장관은 재의 및 대법원에 제소 및 집행정지결정을 신청할 수 있다. 종합적으로, 중앙정부는 지나치게 강력한 권한을 지방정부에 대해 행사하고 있는 것이다.

중앙정부의 사무와 지방정부의 사무를 단순 비교해 보아도 비대칭적 관계를 알 수 있다. 무엇보다 지방정부의 자치사무는 매우 없으며 단체위임사무와 기관위임사무가 지방정부의 주요 사무라는 점이 지적된다. 또한, 현재 자치사무와 단체위임사무는 그 구별이 모호하며 지방자치단체의 사무 구성에서 기관위임사무의 증대로 인하여 자치사무의 비중이 극히 낮은 실정이다(김병준 2000). 기관위임사무는 지방자치단체를 국가의 하급기관으로 전락시키며, 국가의 지방자치단체에 대한 광범하고도 강력한 통제의 통로가 되고 있다는 점에서 문제로 지적되고 있다.

이러한 점은 두 의원과의 인터뷰를 통해서도 알 수 있다.[4] 현재 지방선거에 중앙정치만 있고 지방은 없는 이유에 대해 두 의원은 다음과 같이 대답하고 있다.

> A의원: 현재 중앙정부와 지방정부는 권한 및 인사에 있어 지방정부는 힘이 없고 중앙정부는 커다란 영향력을 행사하고 있다. 지방의회 의원으로 국회와 지방의회를 비교해 본다면 국회는 상위법을 만드는 정부기구로 지방의회가 열심히 조례를 만든다 하더라도 국회가 만든 상위법과 조금만 충돌할 경우 조례는 어떠한 영향력을 발휘할 수 없다. 이에 유권자들은 국회의 결정에 관심이 많지만 지방의회의 결정에는 관심이 없다.

---

4   인터뷰는 2014년 3월 6일, 16시 30분−18시에 경기도 의회 A의원(광역의원, 민주당)과 2014년 3월 11일, 10시-11시 서울 서초구 의회 B의원(기초의원, 새누리당)에 대해 실시하였다.

국회에는 국정감사가 있고 지방의회에는 행정감사라는 것이 있지만 지방 기관장에 문제가 발생하여 인사에 대한 조치를 원하면 감사원에 요청해 야 하고 감사원의 결정에 의해서만 조치가 취해질 수 있다.

B의원: 조례, 행정감사, 예산심의 등 모든 것이 상위법에 예속되어 있는 지방의회는 권한이 협소한 관계로 어떠한 활동할 수 있는 공간이 없다. 지 방자치에 관심을 끌게 하고 지방선거가 중앙이 중심이 아닌 지방의 중심 이 되는 선거가 되기 위해서는 의회의 자율성이 보장되어야 한다. 무엇보 다 지방정부가 하고 있는 일들의 대부분은 국가 위임사무 등으로 자치사 무가 너무 없고 관련해서 예산이 적다. 그러다 보니 자체적으로 할 수 있 는 일이 없다. 이런 상황에서 누가 지방자치 및 지방의회 선거에 관심을 갖고 보겠나?
국회 정개특위에서 지방의 사무를 결정하고 있다. 자치사무에 대해서 지 방의 광역의원과 기초의원들이 중심이 되어 결정할 수 있는 조건을 만들 어 줘야 한다.

결국 종합해 보면 중앙정부의 힘의 논리가 지방선거임에도 지방이 중심이 되기보다는 중앙에 집중되는 선거로 만들었다. 현재 한국 중앙 정부와 지방정부의 권한 및 사무의 배분은 8:2 정도라 얘기하고 있다.[5] 이러한 구도로 인해 지방선거임에도 중앙정치와 지방정치에 대한 관심 은 8:2이라 할 수 있으며, 이에 모든 관심은 중앙정부에 몰려 있다고 말

---

5   국가사무와 지방사무의 비율 그리고 국세와 지방세의 비율을 보았을 때 일반적으로 8:2라
    는 구조가 나타나고 있다. 지방자치 실시 지방분권화의 지속적인 시도에도 불구하고 국가
    에서 지방으로 이양된 사무는 계획보다는 느리게 늘어나고 있는데 현재 국가사무와 지방
    사무의 비율은 7:3, 국세와 지방세의 비율은 8:2 구조다(최병대 2013). 실질적인 지방자치
    의 실현을 위해서는 사무와 재정에서 중앙과 지방의 5:5 구조가 지향된다(최병대 2013).

할 수 있다. 중앙정부의 많은 권한 및 예산을 지방정부에 이양해야 하는데 그렇게 되지 못하고 있다. 중앙정부의 권한이 이양될 경우 지방정부에 대한 통제가 쉽지 않기 때문이다. 중앙정부와 지방정부 간 사무의 배정의 적정화와 지방정부의 재정적 자주성 확립이 이루어져야 한다(최창호 2008).

지방정부의 자체적 능력을 고취시키기 위해서는 많은 유능한 인재가 지방정부(의회)에 진출할 수 있도록 해야 한다. 현재 지방의회는 지방정부에서 거의 영향력 없는 존재로 있다고 말할 수 있다. 지방의회는 단체장에 의해 견제 받으며 나아가 중앙부처에 의해 견제 받고 있다. 또한 지방의회의 사무도 지방자치단체장에 의해 임명되는 직원(사무처장, 사무국장, 사무과장 등)에 의해 수행되고 있는 실정이다. 이러한 점에서 권한 없는 지방정부 특히 지방의회는 지방선거에 주민들의 관심 대상일 수 없다. 지방선거의 관심을 중앙이 아닌 지방으로 전환시키기 위해서는 지방정부의 권한 강화가 선결조건이라 하겠다. 특히 지방의원에 대한 관심이 커지게 하기 위해서는 지방의회의 권한이 강화되며 능력 있는 인물이 진출할 수 있도록 하는 방안이 필요하다. 비례대표의원을 늘리고 전문성을 띤 의원들이 진출할 수 있도록 길을 열어줄 필요가 있다. 지방의회가 제정하는 조례는 법안의 하위개념이기 때문에 영향력을 발휘하기는 한계가 있다. 지방의회의 자치권 확립 차원에서 조례를 자율적으로 제정할 수 있도록 자율권을 확대해야 한다.

현재 지방선거는 정당 간 중앙정치 대리전으로 나타나고 있는 상황인데 일본 지방선거에서 무소속 후보들의 약진은 우리에게 시사하는 바가 크다. 우리와 달리 정당 소속의 후보들보다는 무소속 후보들이 당선되는 일본 정치의 원인은 무엇일까? 일본의 지방자치단체 선거에서 두드러지는 현상은 무소속 후보의 강세이다. 2011년 통일지방선거를 기준으로 단체장들은 거의 100%가 무소속이고 한국의 광역의회에 해당하는 도도부현 의회의 경우 무소속 당선자 비율이 19%, 기초의회에 해당하는 시구정촌의회의 무소속 당선자는 64.4%에 달하는 등 지방의회에서 무소속 의원들은 비록 감소하는 추세지만 꾸준히 높은 비율을 차지하고 있다. 무소속이 다수를 차지하는 지방의회의 경우 정책보다는 개인적인 연고나 단체장에 대한 입장, 의회 내 지위 획득과 관련한 이슈를 중심으로 이합집산이 이루어진다. 그러나 일본의 경우 당적을 가지고 있더라도 후보등록 과정에서 무소속을 표방할 경우 무소속으로 인정되고 선거에서의 승리를 고려해 실제 당적을 가지고 있음에도 무소속을 어필하는 경우가 적지 않기 때문에 단순히 무소속을 비중만으로 지방의회 의원들이 정당들과는 별개의 존재라고 단정 짓기는 힘든 측면이 있는 점을 고려해야 한다. 이러한 무소속 의원들의 강세현상이 나타는 이유에 대해서는 주로 역사적, 전통적인 사실을 들어 설명하는 문화론적 설명이 많다.

　강경태(2009)는 이러한 무소속 강세 원인을 국가와 지방을 분리하여 정당정치의 영향력을 중앙으로 한정하고 지방을 중앙관료들의 영향력하에 두려 했던 19세기 후반부터의 전통과 다이쇼시기 일시적으로 지방에서 정당의 영향력이 증가했던 시기의 행정 마비와 부정부패 등의 부작용, 70년대 후반 이후 이데올로기의 퇴조에 의한 지방자치의 비정치화 등을 그 원인으로 제시하며 일본의 지방선거에서 정당이 유권자에 선택에 의해 배제된 것이라고 분석했다. 권영주(2009)는 전전(戰前) 귀족원의 무소속 정통, 1970년대 전후 혁신자치체의 영향으로 혁신계의 폭넓은 지지를 얻기 위한 이유, 주민들 중 무당파층이 급증하여 생활과 밀착한 지방정치에 당파성이 필요 없어지게 된 현상 등을 이유로 무소속의 강세를 설명한다. 그리고 하정봉(2008)은 보수적인 주민의식을 지적하는데 정치인과 유권자들 모두 지방자치에 정당은 어울리지 않는다는 시각을 가지고 있고 시정촌 의회의원의 대부분을 차지하는 무소속 의원들이 대체로 보수 성향을 가지고 있어 자민당의 입장에서는 시정촌 의원들을 정당 조직 내로 끌어들일 동기가 없다는 것을 시정촌 의회에서 정당화가 약한 이유로 지적한다.[6] 다른 시각의 분석으로 권영주(2013)는 선거구 정수가 많으면 정당보다 개인을 보고 투표하는 경향이 높아진다는 가설을 바탕으로 1994년을 기점으로 중선거구제에서 소선거제로 변화한 중의원선거에서의 무소속 의원 수 비교와 각각 소선거구제, 혼합제, 대선거구제 중심의 혼합제인 중의원선거, 도도부현의회의원선거, 시구정촌의회의원선거 결과 비교를 통해 선거구 정수가 클수록 무소속 당선자의 비율이 높다는 점을 논증하였지만 저자 본인이 사회경제적 변수, 분권화 정도 등을 고려하지 못했다는 한계를 인정하고 있다. 종합해 보면 이러한 무소속 강세의 이유로는 지방정치를 정당화시키지 않으려는 전통적인 일본인들의 의식, 점점 늘어나는 무당파 층과 그로 인한 지방정치에서의 당파성 약화, 최대 정당인 자민당의 방관 등을 이유로 들 수 있을 것이다. 앞서 언급한 당적을 가지고 있는 후보일지라도 무소속을 표방하는 현상 역시 이와 같은 문화적 요인들을 통해서 설명할 수 있다. 일본에서 보여준 정당에 대한 피로감이 지방선거의 문화를 바꾸었는데 한국의 정당들이 지니는 독점적 위치 및 이에 따른 부작용이 정당에 대한 인식을 크게 바꿀 수 있음을 명심해야 한다. 즉, 지방선거를 중앙정치의 대리전으로 생각하고 정당들의 이해득실만을 따지는 선거에서 지방의 일꾼을 뽑는 선거로 전환되어야 할 것이다.

---

6   반면 공산당 등 자민당 이외의 정당의 경우 자신의 영향권에 있는 의원들을 정당화(政黨化)하려는 경향이 있다.

III. 먹이사슬 공천 해결을 위한 과제

현재 국회의원, 광역의원, 기초의원 먹이사슬 공천이며 한편 경쟁 없는 선거가 진행되고 있다. 이를 해결하기 위해 많은 방안이 나왔으며 2012년 대선 때 주요 정당들은 모두 기초선거 정당공천 폐지를 공약으로 내세우기도 했다. 그러나 이는 지방의원과 국회의원 간 먹이사슬 관계 청산의 근원적인 해결책은 아니다. 이를 근원적으로 해결할 수 있는 방안을 당의 공천방식 및 선거법과 관련해서 논의해 봐야 한다. 또한 현재 지역주의로 말미암아 호남과 영남에서 지방선거, 특히 의원선거는 경쟁 없는 선거로 정당 공천이 당선이라는 공식이 성립되어 있는 상황이다. 이를 해결하기 위해서는 정당법과 선거법 관련 변화가 요구된다.

먼저 광역의원과 기초의원 공천에서 지역위원장(국회의원)의 영향력을 없애기 위해서는 지역위원장의 후보자들에 대한 평가를 없애야 한다. 물론 지역에서 후보자들에 대한 일차 검증이라는 차원에서 정당의 혹은 지역위원장의 중요한 업무라 하겠지만 이러한 평가가 평가를 넘어 영향력 행사라는 차원으로 가고 있기 때문에 제한될 필요가 있다. 이에 대한 의원들의 의견을 들어보면 다음과 같다.

> A의원: 현재 국회의원들은 광역의원과 기초의원을 심복으로 생각한다. 이들이 국회의원의 자리를 넘볼 수 있는 잠재적 경쟁자가 될 수 있다는 생각도 한다. 이러한 이유로 통장 이상은 공천을 주지 않는다. 국회의원(지역위원장)은 공심위원회가 광역의원과 기초의원 후보를 결정할 때 "지역위원장 평가 부분"에 영향을 미치기에 지역위원장의 영향력은 크다 하겠다. 특히 기초의원의 경우 한 지역에서 2~4인의 후보가 선출되기 때문에 정당은 2명 이상의 후보를 내는 경우가 많은데 기초의원 "가" "나"로

표시되게 된다. 가와 나는 선거에 커다란 영향을 미치기에 가를 얻기 위해 노력하게 되는데 지역위원장의 영향력은 매우 크다. 이로 인해 지역위원장에 잘 보일 수밖에 없다. 이를 해결하기 위해서는 여론조사/경선을 더욱 활용하여 후보자를 선택하는 방법이 있을 것이다. 물론 공심위원회의 역할이 없을 수 없지만 경선과 여론조사가 활발하게 이루어지게 된다면 지역위원장의 영향력은 크게 줄어들게 될 것이다.

B의원: 가장 좋은 방안은 상향식 공천을 통해 지역위원장(국회의원)의 영향력을 없애는 방식이다. 현재 5:5(여론조사 50%와 책임당원 50%)의 평가를 통해 공천을 결정하게 된다면 지역위원장의 영향력에서 벗어날 수 있고 책임당원들의 다면평가가 이루어질 수 있다는 점에서 좋은 방식이라 생각된다. 한편 국회의원들이 현재와 같은 영향력 행사는 문제가 있지만 미소하나마 조금의 영향력 발휘는 필요한데 국회의원들이 책임당원들과 의사소통하며 조정할 부분이 필요할 경우가 그렇다. 현재 기초의원과 광역의원 중 자질이 부족한 의원들이 너무 많다는 점도 문제다.

여론조사와 경선방식은 지역위원장의 영향력을 약화시킨다는 점에서 고려해볼 만하다. 여론조사/경선방식을 겸용해 쓰는 방안과 여론조사/당원투표를 합쳐서 하는 방안을 고려해 봐야 한다. 후보자가 난립할 경우 여론조사를 통해 후보자를 약 3배수 정도로 결정하고 이들에 대해 경선을 실시하여 후보자를 선출하는 것이다. 경선에서 지역위원장의 영향력을 약화시키기 위해 공심위에 들어가지 못하게 하고, 지역위원장의 평가(추천) 등 영향력을 행사할 수 있는 방식을 제한해야 한다. 그러나 경선과 여론조사를 늘리게 되면 여론조사의 경우 현직에 있는 의원들이 유리한 방향으로 전개될 것이다. 공심위원회가 지역위원장과 관련성이 없게 구성되고 운영이 될지라도 지역위원장은 간접/직접적으로 영향을 미칠 수 있게 된다.

현재 정당공천 관련해서 문제가 되고 있는 기초의원선거에 전면 비례대표제를 실시하는 것이 대안이다.[7] 2014년 선거를 앞두고 기초 지역구 의원 2,519명, 비례대표 의원 379명 합 2,898명의 기초의회의원을 선출하게 되는데 2010년 선거와 비교해 의원정수는 10명이 늘어난 수치다.[8] 기초의원 비례대표제에 의한 전면 선출은 두 가지 차원에서 현재 논의되고 있는 문제를 해결해 주기 때문에 심각하게 논의해 볼 필요가 있다.[9] 첫 번째는 정당공천에서 국회의원(지역위원장)의 먹이사슬(영향력) 문제를 해결한다. 지역위원장(국회의원)의 기초의원에 대한 영향력은 공천에서 비롯된다. 기초의원을 정당의 책임하에 공천하여 국회의원들이 공천에 미치는 영향력을 제한하게 된다면 현재의 먹이사슬 관계는 완화될 것이다. 기초의원의 전면 비례대표제가 실시된다면 과거 공천비리가 발생했을 경우 지역위원장(혹은 의원)이 일차적인 책임을 지고 정당에 간접적으로 책임이 주어지던 구조에서 정당이 전적으로 책임지는 구조로 바뀌기에 공천 과정이 투명하고 공정해질 것이다. 또한 이는 대안으로 의원들이 제시하는 여론조사 및 경선에 따른 부작용, 즉 후보자들에 대한 인지도가 낮은 상황에서 갖는 여론조사의 무의미성, 여론조사 및 경선에서 현직에 있는 의원들의 우위성, 경선 과정에서의 조직력 차이에

---

7   현재 공직선거법 제23조 3항에 의하면 "비례대표 자치구·시·군의원 정수는 자치구·시·군의원 정수의 100분의 10으로 한다. 이 경우 단수는 1로 본다."로 규정하고 있다.

8   2,519명의 지역구 의원은 30곳의 4인 선출 선거구(2010년은 24곳), 391곳의 3인 선출 선거구, 613곳의 2인 선출 선거구를 통해 선출된다.

9   한편, 기초의원의 비례대표제 도입은 또한 정당에 대한 지지에 따라 의석이 분배되기에 국회의원 및 광역의원 소선거구제로 인해 다수당에는 유리하고 소수당에 불리한 선거구도 해소에도 도움이 될 것이다.

따른 차별성의 문제를 해결하게 될 것이다.

　　두 번째로 기초의원의 전면 비례대표제 도입은 현재 논란이 되고 있는 정당 간 지역구 기초의원에 대한 공천 논란을 해소하게 된다. 2014년 지방선거를 앞두고 새누리당은 기초단체장과 기초의원에 대한 공천을 실시할 예정이었으며 반면 새정치민주연합은 비례대표 기초의원에 대한 공천만 실시할 예정이었다. 새정치민주연합은 새누리당에 대해 대통령이 공약한 기초의원에 대한 공천을 포기하라 공격하였고 새누리당은 새정치민주연합의 공천 결정―지역의원은 공천하지 않고 비례대표의원은 공천하기로 한 결정―에 대해 모순이라며 공격하고 있었다. 새정치민주연합이 기존의 방침을 수정하여 지방의원에 대한 전면 공천을 실시함으로써 논란은 없어졌지만 앞으로도 이를 둘러싸고 많은 정치적 공방 및 논의가 있을 것이다. 그렇기에 기초의원에 대한 전면 비례대표제를 도입하게 된다면 정당 간 소모적인 논란은 사라지게 될 것이다.

　　기초의원선거뿐만 아니라 광역의원선거도 비례대표제가 강화되는 방향으로 전환되어야 할 것이다. 현재 공직선거법 제22조 4항에 의하면 비례대표의원에 대해 "비례대표시·도의원정수는 제1항 내지 제3항의 규정에 의하여 산정된 지역구시·도의원정수의 100분의 10으로 한다. 이 경우 단수는 1로 본다. 다만, 산정된 비례대표시·도의원정수가 3인 미만인 때에는 3인으로 한다."로 규정하고 있는데 10%의 비례대표의원은 매우 적은 편이다. 광역의원의 정당공천에서의 문제점 해결 및 광역의회의 전문성 강화를 위해서 비례대표의원의 수를 50%까지 늘려야 한다.

　　마지막으로 경쟁 있는 선거로 만들기 위해서는 현재의 정당 카르텔 구조를 깰 수 있는 방안이 필요하다. 무엇보다 제안되고 있는 방안은 현재의 정당법 개정을 통해 지역사회에 관심 있고 성실하게 참여하고 있는 단체 및 집단이 지방선거에 참여할 수 있도록 함으로써 지역사회 발전을 놓고 지역주의에 의존하는 정당들과 대결구도를 만드는 것이다. 현재 정당법은 지역정당의 출현을 어렵게 하고 있어 지역주의에 의존하는 기존 정당들은 정당법을 즐기고 있는 상황이다. 정당법에서 문제가 되고 있는 부분을 살펴보면 아래와 같다.

> 제3조(구성) "정당은 수도에 소재하는 중앙당과 특별시·광역시·도에 각각 소재하는 시·도당(이하 "시·도당"이라 한다)으로 구성한다."
> 제6조(발기인) 창당준비위원회는 중앙당의 경우에는 200명 이상의, 시·도당의 경우에는 100명 이상의 발기인으로 구성한다.
> 제17조(법정시·도당수) 정당은 5 이상의 시·도당을 가져야 한다.
> 제18조(시·도당의 법정당원수) ① 시·도당은 1천인 이상의 당원을 가져야 한다.

정당법 제3조에서 중앙당을 서울에 두어야 한다고, 제17조는 정당은 다섯 곳 이상의 시·도당을 두도록, 제18조는 시·도당은 1천인 이상의 당원을 가져야 한다고 규정하고 있다. 제6조 발기인도 과거보다 대폭 늘려놓은 상황이다.[10] 이러한 규정으로 인해 전국 정당이 아니더라도 특정 지역에 국한하여 활동하는 정당의 설립이 불가능한 상태다. 또한 거대 정당만이 정당으로 활동할 수 있게끔 하고 있다. 이러한 규정은 지방정치의 활성화를 막고 정당이 지역을 기반으로 자생적으로 성장해 올 수 있는 기회를 막는 '의도하지 않은' 정치적 결과를 낳고 있다(강원택 2010). 수도에 중앙당을 설립하도록 하고 5개 이상의 시와 도에 시·

---

10   과거 "창당준비위원회는 중앙당의 경우에는 20인 이상의, 시·도당의 경우에는 10인 이상의 발기인으로 구성한다."는 규정이 각각 200명과 100명으로 늘어난 상태다.

도당을 두어야 한다는 현행 규정으로 인해 지방 수준에서의 일당 지배 체제를 완화시킬 수 있는 특정 지방을 거점으로 하는 대안적 정당의 출현은 기대하기 힘든 상황이다. 이러한 이유로 수도에 중앙당을 설립해야 하는 규정과 5개 이상의 시와 도에 시·도당을 두어야 한다는 규정은 삭제되어야 한다. 또한 제6조와 제18조의 완화도 필요하다. 지방을 거점으로 하는 정당이 출현할 경우 현재 지역주의에 기대 안주하고 있는 정당들에게는 위협적인 존재가 될 수 있다. 이는 유능한 정치 신인이 지방의회에 진출할 수 있는 기회를 다양화하는 것으로 일당 독점체제를 완화시킬 수 있을 것이다. 현재 이러한 독점체제를 무너뜨리는 것이 매우 어렵다는 점을 제5대 지방선거 결과를 통해 알 수 있다. 2010년 제5대 지방선거에서 기초의원비례대표와 광역의원비례대표에 등록한 정당은 12당뿐으로 한나라당, 민주당, 자유선진당, 민주노동당을 제외하면 기초의원비례대표의석 376석 중 15석, 광역의원비례대표의석 81석 중 4석만이 배정된 사실을 통해 알 수 있다. 지역구 선거에서는 이러한 고착화 현상이 더욱 구축되어 있는데 시·도의회의원 의석 680석 중 한나라당(252석), 민주당(328석)으로 두 정당이 85.2%, 구·시·군의회의원 의석 2,512석 중 한나라당(1,087석), 민주당(871석)으로 78.0%를 차지하고 있다는 점을 통해 알 수 있다.

　한편 정당 성립을 위해서는 정당법 제4조(성립), 제5조(창당준비위원회), 제6조(발기인), 제7조(신고), 제8조(창당준비위원회의 활동범위), 제9조(시·도당의 창당승인), 제10조(창당집회의 공개), 제11조(등록신청), 제12조(중앙당의 등록신청사항), 제13조(시·도당의 등록신청사항)의 과정을 거치게 되어 있는데 이러한 복잡한 절차는 정당의 출현을 가로막고 있을 뿐만 아니라 지방정당의 탄생을 어렵게 하고 있다. 특히 이러한 절차는 영국과 미국에 비교하여 볼 때 매우 복잡한 구조(강원택 2010)로 창당의 어려움을 가중시키고 있다. 현재 지역주의에 기대고 있는 정당들에 의해 실시되고 있는 경쟁 없는 선거를 변화시키고, 지방선거의 관심이 떨어지고 지역일꾼이 지방의회로 진출하지 못하고 있는 현실을 타파하기 위해서는 지역정당의 출현을 막고 있는 정당법 개정이 시급하다.

IV. 결론을 대신하여

위에서 논의한 것과 같이 지방정치의 중앙정치 예속화를 방지하고 현재 정당공천제에서 발생하는 문제점을 해결하기 위해서는 무엇보다 지방정부의 권한 강화와 기초의원 선발 방식의 변화 그리고 정당 카르텔 구조를 깰 수 있는 정당법 개정이 요구된다. 중앙정부의 권한에 비해 매우 미약한 지방정부의 권한으로 인해 중앙정부의 힘의 논리가 지방선거임에도 지방이 중심이 되기보다는 중앙에 집중되는 선거로 만들었다. 중앙정부의 많은 권한 및 예산이 지방정부에 이양되어야 한다. 지방정부가 자체적으로 할 수 있는 사업 및 정책이 많아진다면 유권자들의 관심은 지방정부 그리고 이를 구성하기 위한 지방 단위의 선거에 자연스럽게 쏠리게 될 것이다.

　한편 지방의원 정당공천제에 투명성을 확보하고 지방의회에 유능한 인재들이 입성할 수 있도록 하기 위해서는 현재의 지방의원선거제도에 대한 전면적인 변화가 필요하다. 무엇보다 가장 논란의 대상이 되는 기초의원선출 방식을 전면 비례대표제로 전환시킬 필요가 있다. 전면적으로 비례대표제를 도입하게 된다면 현재 공천에서 문제가 되는 국회의원(지역위원장)의 영향력 행사를 정당의 책임하에 차단할 수 있으며 무엇보다 지방의회에 전문성을 띤 그리고 유능한 청년/여성정치인들의 지방의회 입성이 용이하게 됨으로써 궁극적으로는 지방정부의 역량이 강화될 것이다. 현재 지방선거는 지역주의에 의존하는 기존 정당들로 인해 경쟁 없는 선거, 공천이 당선이 되는 선거가 되어 버렸다. 경쟁 있는 선거를 통해 지역 발전이 이루어지기 위해서는 현재의 정당 카르텔 구조를 타파할 수 있도록 정당법 개정이 필요하다. 이를 통해 지역사회에 관심 있고 성실하게 참여하고 있는 단체 및 집단이 지방선거에 참여할 수 있도록 해야 하고 지역사회 발전을 놓고 지역주의에 의존하는 정당들과 대결구도를 만들어야 한다.

현재 지방선거는 지방과 경쟁은 없고 중앙정치와 정당독점만 있는 선거로 인식되고 있다. 문제점 해결을 위해 정당공천제 폐지가 논의되었지만 이는 해결책이 아니었다. 그러나 앞의 논의에서 본 대로 결국 그 문제를 해결하기 위해서는 정당이 중요한 역할을 해야 한다. 지방정부 권한 강화, 기초의원선거에 전면 비례대표제 도입(광역의원선거 비례대표제 확대), 정당법 개정 등 지방정치 활성화 방안에서 가장 중심적인 것은 역시 정당일 수밖에 없기 때문이다.

충원의 사다리:
지방정치와 중앙정치의 회전문을 어떻게 볼 것인가

박원호

I. 들어가며

3선의 박맹우 울산시장은 2014년 3월 21일 '있을지도 모르는' 울산지역 국회의원 보궐선거 출마를 선언하며 사퇴의사를 밝혔다. 박 시장의 사임은 새누리당 김기현(울산 남구을), 강길부(울주군) 의원 가운데 한 명이 울산시장 새누리당 후보로 결정될 경우 치러질 보궐선거를 염두에 둔 것인데, 박 시장은 미리 준비한 사임 회견문에서 "혹시 7월 30일 국회의원 보궐선거가 있다면 나서기 위해 오는 3월 31일 사임하고자 한다"며 "현행 공직선거법상 120일 전에 공직을 사퇴해야 하기 때문"이라고 밝혔다. 결국 김기현 의원이 새누리당 최종후보로 확정됨으로써, 선거 결과에 따라서는 현직 시장과 현직 지역구 국회의원이 불과 몇 개월 사이에 자리를 맞바꾸는 것도 가능하게 된 것이다.

국회의원과 자치단체장이 이렇게 짧은 기간에 동시에 자리를 맞바꾸는 일은 흔하지 않지만, 한 직책에서 다른 직책으로 커리어를 이동해

가는 일이 없었던 것은 아니다. 이러한 '직책의 사다리'를 오르내리는 일은 한국에서뿐 아니라 구미의 정치체계에서도 흔한 일이다. 아마도 중요한 질문은 이러한 직책의 이동이 한국의 정치에, 그리고 특히 한국의 지방정치에 함의하는 바는 무엇이며 이것을 어떻게 평가해야 하는 것인가 하는 문제이다.

직책의 사다리(ladder of offices)라는 말은 그것이 흔히 사용되는 방식인 하급관리들이 상층의 직책으로 승진하는 것을 의미하지만, 특히 주요하게는 중앙-지방의 위계를 상정할 때 지방정부에서 주, 연방 등의 중앙정부 및 의회에 진출하는 과정을 의미하기도 한다. 이러한 현상이 한국 정치에서도 존재하는가, 존재한다면 그것의 의미는 무엇인가, 그리고 마지막으로 그것은 바람직한 것인가? 이러한 내용들을 중심으로 이곳에서 한국의 지방정부와 중앙정부의 관계를 간접적으로 음미해 보고자 한다.

II. 지방-중앙을 바라보는 대립되는 시각들

이를 바라보는 두 가지의 관점이 있을 수 있다. 그 하나는 지방정치와 중앙정치를 하나의 연속선상에서 생각하면서 지방정치를 통해 정치신인들이 발굴되고 이들이 지방정치에서 커리어를 쌓으면서 수련과 선택의 과정을 거치게 된다는 관점이다. 커리어의 초반에 있는 정치인은 그 인지도가 낮다고 하더라도 당선 경쟁이 덜 심한 지방, 기초 레벨의 의회에서 시작하는 것이 더 자연스러운 선택일 것이며, 이곳에서 맡게 되는 업무나 리더십의 책무는 보다 더 복잡하고 심각한 중앙정부에서의 역할에 대한 수련의 의미도 가질 수 있을 것이다. 중앙정부나 의회의 입장에서는 지방 수준에서 검증되고 평가된 정치인이 이렇게 순조로운 충원의 사다리를 거슬러 올라오면서 성장하는 것이 정치 체제의 안정성이나 연속성 등에 있어 여러모로 보아 매우 중요한 의미를 지닐 것이다.

이에 반하는 입장은 중앙정치와 지방정치가 근본적으로 다른 대상과 역할을 지니며, 특히 지방정치의 지역적 고유성을 생각해볼 때 이것이 중앙정치로 예속되는 것은 바람직하지 않다는 것이다. 특히 지방정치가 중앙정치의 한 하위 분야로만 생각되고, 지방정치가 중앙정치로 진출을 위한 교두보로서만 생각되는 것이라면, 지방을 위한 지방정치는 없고 중앙정치를 바라보는 지방정치만 존재하게 될 것이다. 정치학 문헌들이 주목하는 야망이론(ambition theory)이 맞다면, 지방정치에 종사하는 모든 이들은 항상 보다 더 높은 중앙정치의 비전을 생각하면서 지방정치에 임할 것이며, 울산시장은 울산시를 생각하는 것이 아니라 국회의원으로서의 지역구나 도지사로서의 광역, 나아가 전국적인 어떤 함의를 늘 생각하고 있을 것이다. 이러한 상(像)이 바람직한지의 여부와는 상관없이, 이곳에서는 이러한 두 가지의 관점에 대한 이론적 및 경험적 검토를 수행하고자 한다.

1. 정치인의 전문성 vs 대표성

이러한 두 가지 관점은 정치인을, 그리고 의원(議員)을 어떻게 바라보는가라는 관점과도 연결된다고 할 수 있다. 하나의 관점은 정치와 입법이 매우 전문화(professionalization)되고 숙련되어야 하는 특별한 기술을 요하는 일로 보는 관점이다. 이에 의하면 정치인들이 전문화되고 숙련되는 과정의 핵심은 바로 직업적 실천이며, 이를 위해서 정치신인들은 끊임없이 발굴되고 트레이닝되어야 할 것이다. 이러한 일련의 과정은 물론 기초의원과 광역의원, 그리고 이들이 기초단체장이나 국회의원에 이르기까지 연결된 '먹이사슬'을 언제든지 거슬러 올라갈 수 있으며 그렇게 거슬러 올라가는 것이 바람직하다는 입장과 일관성이 있는 것으로 생각된다.

반면, 정치인들, 그리고 특히 선출직들은 기본적으로 대표성(representation)을 지녀야 한다는 관점, 혹은 이들이 수탁인(trustee)이 아니라 대리인(delegate)이라는 관점에서 이러한 지방-중앙직의 중첩을 생각해볼 수 있다. 이 관점에 의하면 정치라는 것은 전문인들이 하는 것이 아니라 해당 공동체의 시민들을 가장 잘 대변할 수 있는 누군가가 맡는 임시적 직책일 따름이다. 만약 정치인들과 의원들이 자기를 선출한 시민들의 이해를 대변해야 할 대리인이라면 이들이 현재의 직책을 하나의 지나가는 과정으로 생각하고 미래의 야망(ambition)을 미리 생각하는 것은 허용될 수 없다. 울산의 시장은 울산시민을 대변하는 것이 가장 핵심적인 직무이며 다른 어떠한 지역적 단위를 먼저 생각해서는 안 된다는 것이다.

2. 정치충원론적 시각: 인선(人選) vs 시민적 육성

이것을 바라보는 또 다른 하나의 프리즘은 정치충원론적 시각이다. 어떠한 형태의 정치체계도 그 존속을 위해서는 특정한 기능과 역할을 담당해 줄 개인들을 끊임없이 찾아나가고 메워나가야 한다. 정치체제의 관점에서 보았을 때, 그 체제의 각 부문이 행하는 역할을 담당하는 개인들의 이동과 교체에도 불구하고 체제와 제도는 중장기적으로 연속성을 지녀야 하기 때문이다. 광의의 정치충원이라 함은 정치체제의 모든 부문에 걸친 역할들을 수행할 개인들을 찾아내고, 이들에게 그 역할을 수행할 동기를 부여하며, 이들을 훈련시키는 일련의 과정을 지칭한다.

　　이러한 광범한 의미의 정치충원에 대한 학술적 정의는, 일상적인 의미에서의 정치충원―구체적으로 말하자면, 정치엘리트들이 정치적 현직을 획득하는 것―과는 다음과 같은 의미에서 다르며, 현상을 바라보는 많은 이점을 가져다준다. 첫째, 정치충원이라는 것은 개인들이 정치시스템의 역할이나 직위를 취득하는 최종단계 혹은 결과도 중요하지만, 그것에 다다르는 이전의 과정을 포함한다는 것이다. 둘째, 정치충원이란 것은 정치체계의 리더십을 구성하는 것만을 지칭하는 것이 아니라 정치체계의 가장 기초영역, 시민의 역할에서부터 리더십의 최고 지위에까지 이르는 연속적인 과정에서 이루어진다는 점이다. 요컨대, 정치 엘리트는 선택되는 것이 아니라 길러지는 것이어야 한다는 점이다.

　　이러한 관점을 견지한다면 새로운 인적 자원이라는 것은 어느 날 갑자기 만들어지는 것이 아니라 한 시민이 오랜 기간에 걸쳐 연속적이고 꾸준하게 리더십을 보이고 실천하는 과정에서 발견되고 길러지는 것이다. 이러한 실천의 단계가 지역, 지방정치임은 자명한 사실이다.

3. 정당의 역할

충원의 과정이라고 하는 것이 길고 지난한 정치사회화의 과정인 동시에 육성(育成)과 실천의 과정이라고 한다면, 이것을 수행하는 주체가 누구인가 하는 것은 매우 핵심적인 딜레마를 제기한다. 현실적으로 이러한 과정이 정당(政黨)없이 수행될 것이라고는 생각하기 힘들고, 또 한국의 정당이 이러한 과제를 수행할 수 있을 것이라고 생각하기 또한 힘들기 때문이다.

　　정당 이외의 대안을 생각하기 어렵다는 것은 현재 한국의, 그리고 거의 모든 민주주의 국가에서 지방과 중앙, 그리고 시민정치(참여)와 국가를 잇는 핵심적인 매개는 정당이라는 경로라는 것에 연유한다. 물론 시민들을 정치의 장으로 유도하는 다른 하나의 가능성은 시민단체나 이익집단들을 통한 채널이다. 그러나 이 또한 정당을 경유하지 않고서 충원의 지속적이고 안정적인 경로로 작용하기는 어렵다는 것은 쉽게 알 수 있을 것이다. 한국 정치에서 시민단체나 이익집단들의 리더십이 정부 내의 리더십으로 연결되었던 적이 없었던 바는 아니나, 이러한 과정이 예외 없이 정당이라는 경로, 보다 정확하게는 입법부의 직능대표라는 관점에서 사고되었던 점을 상기해야 할 것이다.

이러한 관점에서 본다면 정당이 지방과 중앙 정치의 매개고리로서 수행해야 할 역할은 매우 중대하다. 다만 지구당이 없어지고 정당들을 '원내정당화'시키려는 최근 정당개혁의 방향(정진민 2008) 등을 생각해 본다면, 한국의 정당이 이러한 시민적 충원 혹은 육성의 기능을 건강하게 수행할 수 있는 역량은 거의 사라졌다고 봐도 될 것이다.

이러한 상황들에 대한 이해가 있어야만 현 지방선거에서 정당공천이 왜 문제가 되는지를 근본적으로 평가하고 비판할 수 있을 것이다. 첫째, 중앙과 지방 정부의 충원 과정을 잇는 매개 역할은 정당이 거의 독점적으로 가지고 있다. 둘째, 이러한 정당에 의한 매개의 과정, 즉 지역당의 수준에서 시민들을 교육시키고 지방자치의 과정으로 이끄는 역할이 제도화되어 있고 민주적 절차가 탄탄하게 정립되어 있다면, 이러한 역할을 정당이 독점적으로 수행하는 것이 아무런 문제가 없을 것이다. 그러나 셋째, 정당, 특히 지역정당이 괴멸된 상태에서 이러한 기능이 제대로 수행될 가능성은 없으며, 그것을 대체하는 것은 정당의 지역 명망가, 현직 국회의원, 혹은 중앙당의 인사일 수밖에 없다. 따라서 기초의회의 정당공천이 문제가 되는 것이다. 이곳에서의 비극적 역설은 정당이 너무

약하고, 정작 해야 할 기능을 지역에서 수행하고 있지 못하기 때문에, 지역에서 정당을 철저하게 근절―무공천―해야 한다는 결론이다. 그러나 넷째, 지역에서, 특히 기초 단위에서 정당공천이 사라진다면 그 충원구조를 메울 다른 대안은 아마도 지역명망가나 자영업자들이 될 가능성이 크다.

이러한 정당의 문제에 대한 토론에 다다르게 되면, 앞서 논의된 대립되는 관점들이 하나가 맞고 하나가 틀린 대립항들로 구성된 것이 아니라, 민주주의적 선순환을 한 황금분할의 지점을 찾아나가야 하는 이념형들로 생각해야 할 것이다. 이를 요약하면 다음과 같다.

가. 지방과 중앙 정부의 충원 과정은 분리되는 것이 아니라 연속적인 것이다.

나. 그러나, 지방정부직이 중앙정부직으로 올라서는 교두보가 되어서는 안 되며, 지방정부직의 정책결정은 이러한 원칙하에서 진행되어야 한다.

다. 지방 수준에서의 충원 과정이 시민들의 참여를 이끌어내고 리더십을 발굴하는 과정이라면, 이것의 중앙정부로의 확장은 바람직한 것일 수 있다.

라. 이러한 충원의 과정, 즉 정치 리더십의 발굴, 성장과 승격(promote)의 과정을 담당할 수 있는 기제는 현재로서는 정당을 대체할 만한 것이 없다.

마. 그러나 이러한 과업을 수행하기 위해 요구되는 정당의 능력과 제도화 수준은 매우 높은 것이다.

이러한 내용들을 염두에 두고, 한국에서의 충원의 사다리를 살펴보자.

III. 경험적 관찰

이하의 표는 제15대에서 현재 국회에 이르기까지 국회의원들을 대상으로 한 지방직 출신을 집계한 것이다. 다음과 같은 몇 가지 매우 흥미로운 점들이 눈에 띈다.

첫째, 지방직 출신의 국회 진출은 비교적 상승하고 있으나, 지난 2008년 선거(18대) 이후, 최근의 선거에서 유의미한 증가가 있었던 것은 아니다. 둘째, 모든 지방직 경력이 국회 입성에 똑같이 도움이 되는 것이 아니라, 지방의원보다는 지방단체장들이 더 많이 국회로 들어가는 것으로 나타난다. 특히, 일정한 전국적 인지도가 존재하는 광역단체장의 경우에는 국회의원으로의 전직(轉職)이 비교적 용이한 것으로 드러났다. 다만 제19대 국회에서는 광역단체장 출신이 3명에 불과한 것으로 나타났다(이인제, 정우택, 박성효). 서두에 살핀 울산의 경우처럼, 기초단체장들도 매우 활발하게 국회의원으로의 전직이 이루어지는데, 이것은 국

표 1. 지방직 출신 국회의원 전직 유형분포〔18대 이전은 이준한(2009)에서 재인용〕

	제15대	제16대	제17대	제18대	제19대	합계
광역단체장	12	11	8	6	3	40
기초단체장 (구청장)	2	9(7)	17(8)	27(13)	19(8)	74
광역의원	5	15	17	15	23	75
기초의원	0	0	1	0	4	5
합계	19	35	43	48	49	194

표 2. 기초의원 출신 국회의원 명단 (19대, 기초단체장이나 광역직이 중복될 경우 제외)

의원명	소속당	출생연도	지역구	경력
김명연	새누리당	1964	경기 안산시 단원구갑	안산시의회 의원
김민기	새정치민주연합	1966	경기 용인시을	용인시의회 의원
유승희	새정치민주연합	1960	서울 성북구갑	광명시의회 의원
김미희	통합진보당	1966	경기 성남시 중원구	성남시의회 의원

회의원들의 지역구와 기초단체장들의 지역구가 비교적 비슷한 크기이기 때문일 것이다. 중앙정치와 지방정치의 컨텍스트를 무시한다면 기초단체장들과 국회의원의 관계는 상당히 호환(互換)할 수 있는 것으로 생각되는 것 같다.

　　아마도 가장 흥미로운 부분은 광역의원과 기초의원 경력이 어떻게 국회의원 경력으로 변환되는가 하는 점이다. 광역의원의 경험을 지니고 국회로 충원되는 의원의 숫자는 계속 늘어나고 있는 추세이다. 특히 제19대 선거에서는 광역 및 기초 의회의 경력이 있는 국회의원들이 27명

표 3. 광역의회 의원 출신 국회의원 명단 (19대 국회, 기초·광역이 중복된 경우 포함)

이름	소속정당	출생연도	선수	성별	지방의원 경력
강기윤	새누리당	1960	1	남	경상남도의회 의원
강석호	새누리당	1955	2	남	경상북도의회 의원, 포항시의회 의원
김성태	새누리당	1958	2	남	서울시의회 의원
김을동	새누리당	1945	2	여	서울시의회 의원
김태호	새누리당	1962	2	남	경상남도의회 의원
김학용	새누리당	1961	2	남	경기도의회 의원
원유철	새누리당	1962	4	남	경기도 의원
유재중	새누리당	1956	2	남	부산광역시의회 의원
이채익	새누리당	1955	1	남	울산광역시의회 의원,경상남도의회 의원
정갑윤	새누리당	1950	4	남	경상남도의회 의원
함진규	새누리당	1959	1	남	경기도의회 의원
황영철	새누리당	1965	2	남	강원도의회 의원
강동원	새정치민주연합	1953	1	남	전라북도의회 의원
김성주	새정치민주연합	1964	1	남	전라북도의회 의원
김우남	새정치민주연합	1955	3	남	제주도의회 의원
김윤덕	새정치민주연합	1966	1	남	전라북도의회 의원
박기춘	새정치민주연합	1956	3	남	경기도의회 의원
부좌현	새정치민주연합	1956	1	남	경기도의회 의원
우원식	새정치민주연합	1957	2	남	서울시의회 의원
유대운	새정치민주연합	1950	1	남	강북구의회 의원, 서울시의회 부의장
이윤석	새정치민주연합	1960	2	남	전라남도의회 의장
이찬열	새정치민주연합	1959	2	남	경기도의회 의원
주승용	새정치민주연합	1952	3	남	전라남도의회 의원

표 4. 지방단체장 출신 국회의원 명단 (19대 국회, 기초·광역*)

이름	소속정당	출생연도	지방단체장 경력
김동완	새누리당	1958	충청남도 금산군 군수
김태호	새누리당	1962	경상남도 거창군 군수, 경상남도 도지사
박성효*	새누리당	1955	대전광역시 시장
신동우	새누리당	1953	서울시 강동구 구청장
유승우	새누리당	1948	경기도 이천군수, 경기도 이천시장
유재중	새누리당	1956	부산시 수영구 구청장
유정복	새누리당	1957	경기도 김포군 군수, 경기도 김포시 시장, 인천시 서구 구청장
이노근	새누리당	1954	서울특별시 노원구 구청장
이명수	새누리당	1955	충남 금산군 군수
이인제*	새누리당	1948	경기도 도지사
이장우	새누리당	1965	대전광역시 동구 구청장
이종진	새누리당	1950	대구광역시 달성군 군수
이진복	새누리당	1957	부산시 동래구 구청장
이채익	새누리당	1955	울산광역시 남구 구청장
이학재	새누리당	1964	인천시 서구 구청장
정우택*	새누리당	1953	충청북도 도지사
김영록	새정치민주연합	1955	전라남도 강진군, 완도군 군수, 전라남도 목포시 부시장
오제세	새정치민주연합	1949	충남 온양 대천시장, 충북 청주부시장
원혜영	새정치민주연합	1951	경기도 부천시 시장
유성엽	새정치민주연합	1960	전라북도 정읍시 시장
주승용	새정치민주연합	1952	전라남도 여천군 군수, 통합여수시 시장
황주홍	새정치민주연합	1952	전라남도 강진군 군수

이나 되었다. 약 240여 명의 지역구 의원 중 27명의 지방의원 출신들과 19명의 지방단체장 출신들을 생각한다면 지방직 출신들이 국회에서 상당히 높은 비중을 차지한다는 것을 알 수 있다. 이것은 한국의 국회의원을 충원하는 하나의 핵심경로로 지방정치가 기능하고 있음을 보여준다.

셋째, 지방직 출신 의원 중 비례대표직은 아무도 없었다. 넷째, 기초의회의원 출신의 국회의원은 매우 희소하다. 그 이전에는 거의 찾아볼 수 없다가 19대에 와서야 표 2에서 보이는 네 명이 국회에 들어온 것을 알 수 있다. 흥미로운 사실은 이 네 명의 의원들이 모두 대단위 신도시의 기초의회 ─ 즉 대표하는 유권자가 광역의회에 버금가는 ─ 의원 출신이라는 사실이다. 아마도 앞서 언급한 지역구의 등가성 문제로 인해서 군단위의 기초의회에 비해서 더 많은 유권자들을 대변하는 대단위 기초의회 출신들이어야만 국회의원 선거에서 승산이 있을 것이다. 이들은 각 당에 골고루 분포되어 있으며 연령은 현격하게 젊고, 두 명은 여성의원이라는 특징을 보인다.

IV. 결론

이상의 지방직과 국회직의 중복된 충원구조를 살펴본다면 몇 가지 결론에 이르게 된다. 첫째, 지방직의 경험이 매우 순조롭게 전국적인 중앙정치로 인입되는 것 같지만, 실제로는 지역구 규모에 있어 비교적 철저한 등가성의 원리에 따라 일어나는 것이 일반적이라는 사실을 알 수 있다. 국회의원 지역구와 가장 크기가 비슷한 지역구를 가지고 있는 기초단체장을 중심으로 일어나고 있으며, 기초의회의 경험이 국회로 이어지는 경우는 매우 희소하다. 지방자치단체장의 3선 연임 제한 조항은 이러한 현상을 더 강화시킬 가능성이 있다.

둘째, 기초 의회 수준의 지방정치에서 중앙정치로 정치적 리더십이 점진적으로 성장하는 경우는 한국정치에서 매우 찾아보기 힘든 현상이다. 이러한 리더십의 발굴, 성장과 승격이라는 과제는 정치 시스템의 연속성을 위해서 매우 중요한 과정이지만, 한국의 중앙정치 엘리트들은 이러한 과정을 밟는 경우가 거의 없다. 앞서 언급한 19대 국회를 포함한 예외적인 사례들을 좀 더 자세히 검토하고 연구할 필요가 있을 것이다.

셋째, 충원이라는 과업을 담당할 기제로서의 정당의 능력(capacity)

또한 매우 중요하게 고려해야 할 요소이다. 현재의 한국정당이 지역 수준에서 정치 신인들을 발굴하고 충원하며 이들을 성장시킬 자원을 지니고 있지 않다는 사실은 한국 지방정치의 한계이기도 한 것이다. 그러나, 이들이 이러한 능력을 지니고 있지 않기 때문에 애초에 지방선거에서 정당공천을 포기하는 일은 정당이 당연히 수행해야 할 일을 할 수 없도록 근원적으로 차단하는 일이다. 만약 지방정치에 정당이 휘발된다면 그 자리를 누가 채울 것인가? 정당이 없는 곳에서 지역 명망가들과 자영업자들이 지방정치를 메꾸는 순간 아마도 중앙정치와 지역정치는 유리될 것이다. 그 지점에 바로 정치충원과 엘리트 순환의 실패로 야기되는 한국정치의 새로운 위기가 도사리고 있을지 모른다.

지방자치단체장의 정치적 책임, 어떻게 물어야 하나?

가상준

I. 들어가며

현재 지방정부는 강시장-약의회 구조로 단체장이 독단적인 결정을 내릴 때 이를 견제하고 제어할 수 있는 방안이 매우 제한적이다. 단체장의 견제 받지 않은 권한으로 인해 지방자치단체장의 잘못된 결정이 지방재정에 커다란 피해를 주는 상황이 발생하고 있다. 이러한 피해 사례가 무리한 사업을 추진한 자치단체에서 발생하고 있는데 더욱 문제가 되는 점은 단체장에 대한 견제의 어려움뿐만 아니라 단체장에 대해 책임을 묻는 것이 불가능하다는 점이다. 이로 인해 발생하는 피해는 그대로 지방정부 주민에게 돌아가고 있다. 이를 방지하기 위한 방안이 여러 차원에서 모색되고 있다. 이번 장에서는 단체장 견제를 위해서 필요한 방안이 무엇인지 논의해 보려 한다. 이를 위해 지방의원들의 인터뷰를 통해 의원들이 생각하는 방안에 대해 알아본다. 또한 현재의 강시장-약의회 구조 자체가 커다란 문제점이라는 점을 인지하면서 이를 어떻게 변화시켜야 하는지 논의해 본다.

II. 단체장 견제 방안

현재 단체장의 잘못된 결정으로 인해 지방정부가 어려움을 겪는 경우가 많이 발생하고 있다. 단체장의 결정이 후임 단체장 및 지역주민에게도 지속적으로 영향을 미치는 경우가 많은데 중요한 결정 후 결과에 대해 책임을 묻게끔 해서 신중한 결정을 내릴 수 있도록 하는 방안이 모색되어야 한다. 또한 강시장-약의회의 구조 속에서 단체장에 대한 견제가 제도적으로 시민들의 참여를 통해 이루어지는 방안이 필요하다. 이에 대한 의원들의 의견을 들어보면 다음과 같다.[1]

> A의원: 단체장의 잘못된 결정으로 인해 지방정부가 곤란하게 빠지는 경우가 매우 많다. 그런데 여기에 대한 첫 번째 책임은 시의원, 도의원에게 있다. 이들이 단체장의 인사 및 행정에 견제를 잘하지 못했기 때문에 문제가 생긴 것이다. 단체장에 대한 책임을 물을 때 의원들에게도 책임을 물을 필요가 있다. 단체장에 대한 견제가 어려운 것은 현재의 지방정부 구조가 강시장-약의회의 구조이기 때문이다. 단체장 견제가 쉽지 않다. 의회의 권한을 넓혀주면서 의회에 전문성을 띤 비례대표의원이 많이 진출할 수 있도록 현재보다 비례대표의원의 수를 늘려야 한다. 특히 직능대표가 지방의회에 진출할 수 있게 함으로써 지방의회의 전문성을 높일 수 있게 해

---

1   앞서 논의했듯이 인터뷰는 2014년 3월 6일, 16시 30분-18시에 경기도 의회 A의원(광역의원, 민주당)과 2014년 3월 11일, 10시-11시 서울시 서초구 의회 B의원(기초의원, 새누리당)에 대해 실시하였다.

야 한다.

현재 정당과 시민사회의 연계가 매우 약하다. 특히 이러한 부분이 지방에서 많이 나타나고 있는데 정당과 시민사회(지역봉사활동 등을 수행하고 있는 단체 등)의 연계가 커진다면 단체장에 대한 견제로 이어질 수 있다. 단체장을 견제하기 위해서는 현재의 기초의회 중선거구제를 소선거구제로 바꿀 필요가 있다. 소선거구제는 의원과 시민들 간 연계를 크게 할 수 있고 지역을 위해 일한다는 자세이기에 단체장에 대한 견제를 강화시킬 수 있다.

B의원: 단체장 견제의 일차적인 책임은 의회에 있다. 그러나 문제는 의회에게 권한이 없다는 점이다. 의회에게 권한이 부여되고 뭉치고 하면 견제는 할 수 있다. 현재 단체장에 대한 견제가 의회 차원에서 제대로 이루어지지 않는 것은 의원(의회)이 권한이 없기 때문인 것이 일차적인 이유이지만 무엇보다 의원들이 재선을 위해서는 단체장과 반대의 의견을 내기 불가능하고 눈치를 보기 때문이다. 현재 지방 민원이 생겼을 경우 지방의원이 할 수 있는 일은 거의 아무것도 없다. 지방 공무원한테 얘기해야 하지만 단체장 눈에 벗어난 의원의 민원은 공무원이 해 주지 않는다. 집행 공무원의 경력과 영향력을 보았을 때 의원들이 공무원에게 어떠한 사안에 대해 논하는 것이 쉽지 않은데 단체장과 대립되어 있는 경우라면 더욱 그렇다. 지방의회 결정에 따라 공무원이 움직이게 된다면 단체장의 눈치 보지 않게 되고, 단체장에 대한 견제가 가능하다.

한편, 시민차원에서 단체장에 대한 견제가 가능해야 하는데 현재는 조례 제정 등에 있어 시민참여는 거의 이루어지고 있지 않다. 의견 청취를 위한 공청회가 의무사항이 아니다보니 실시되는 경우가 없고, 참여의 제도적 장치가 없어 참여는 전혀 이루어지고 있지 않다. 시민들이 지방의회 및 지방정부 결정에 참여할 수 있는 제도적 기회가 많아지고 넓어져야 한다.

1. 의회정치/정당정치에 의한 견제

단체장에 대한 견제는 일차적으로 의회를 통해 이루어져야 한다. 실질적인 단체장 견제를 위해 단체장의 업무 추진에 문제가 있을 경우 여기에 해당되는 상임위원회 의원들에 대한 책임도 함께 물을 필요가 있다. 이를 위해 의회의 권한이 강화되어야 한다. 현재 의회의 권한을 통해서 단체장을 견제할 수는 없다. 지방정부 구조가 강시장-약의회로 지속되는 한 의회를 통한 단체장 견제는 불가능하다. 시장과 의회가 수평적인 관계 속에서 견제와 균형이 이루어지도록 해야 한다. 이를 위해서는 의회의 권한이 강화되어야 하는데 지방의회의 결정이 단체장과 상급기관에 의해 너무나 많이 제약되고 있다. 단체장을 견제하기 위해서는 지방의회의 전문성 강화가 시급한 상황으로 이를 위해 의원들 활동을 위해 보좌관제도 도입(적어도 의원 한 명당 보좌관 1명) 혹은 상임위원회별 확대된 전문위원제도 도입이 필요하다. 한편, 지방의회 사무국은 단체장이 아닌 의회의 통제를 받아야 하며 의회 사무국 직원들은 지방의회 전문직으로 양성해야 한다. 지방의회의 단체장에 대한 견제를 위해서는 단체장의 인사권에 대해 지방의회가 견제할 수 있는 방안을 마련해야 한다. 이를 위해서는 단체장 임용권 행사에 관여하고 있는 인사위원회의 권한 강화와 함께 단체장의 인사위원 위촉에 의회의 동의를 받도록 해야 하며 지방공기업 대표에 대한 임명에서도 의회의 검증 작업을 거치게 해야 한다(문상덕 2012). 이와 함께 단체장에 대한 지방의회의 견제는 예산심의권의 실질적 보장과 실제적 결산심사를 통해 이루어질 수 있다(전훈 2011).

지방정부 결정에 시민들이 참여하고 의견을 피력할 수 있는 제도가 마련됨으로써 지방의회에 영향을 미쳐 단체장을 견제하게 하여야 한다. 이를 위해서는 지방의회 공청회 등에 주민참여가 이루어지도록 함으로써 시민들이 참여할 수 있도록 해야 한다. 한편 의회 회의 진행 및 지방정부 회의 진행을 지역 TV회사들이 방영하여 시청하게끔 하는 것도 방안일 것이다. 지역 TV회사들이 영업상 이유로 참여가 어렵다고 한다면 지방의회가 개원했을 때 인터넷을 통해 지방의회(의원)의 활동을 볼 수 있도록 하는 것도 방안일 것이다. 한편, 시민들에 의한 단체장 견제를 위해 예산감시제인 주민참여예산제가 제대로 작동할 수 있도록 할 필요가 있다. 주민참여예산제는 재정민주주의를 실현하고 행정 투명화를 공고화하기 위한 것으로 예산편성의 폐쇄적인 관료적 의사결정, 예산낭비와 지방재정의 비효율성 문제 해결을 위해 실시되고 있다. 특히, 주민참여예산제는 지방자치단체장의 선심성 예산 그리고 일부 집단의 압력에 의한 거래성 예산 편성, 예산 집행의 감시 미비 등이 지적되면서 투명성을 확보하고 지방재정의 비효율성을 확보하기 위한 제도다. 주민참여예산제는 지방자치단체장의 권한이었던 예산 편성에 주민들이 직접 참여해 예산을 편성하고, 해당 사업에 대한 사후 평가에도 참여하는 제도로 2011년 3월 지방재정법 개정을 통해 지방자치단체가 주민참여예산제를 의무적으로 시행하도록 하였다. 그러나 지방자치단체 중에서 주민참여예산제를 시행하고 있는 단체는 안타깝게도 매우 소수다. 주민참여예산제의 확대를 통해 단체장의 예산 편성 및 집행에 주민들의 감시, 감독이 이루어지도록 해야 한다.

　지방자치단체장이 내리는 결정 및 결과에 대해 책임을 묻는 방법은 단체장과 단체장이 속한 정당에 대해 책임을 묻는 방식으로 이루어져야 한다. 이러한 점에서 기초단위에서의 정당공천은 실시되어야 한다. 두 주요 정당 간 기초단위 정당공천에 대해 논란이 있지만 단체장 역할 및 결정에 대한 책임은 단체장과 단체장이 속한 정당에 있다. 단체장의 결정 및 활동이 만족스러울 경우 단체장은 다시 신임을 받겠지만 단체장의 역할에 대해 불만족스러운 결과, 특히 지방재정에 영향을 미치는 활동으로 인해 지방정부가 크게 영향을 받았다면 단체장 소속 정당은 다음 선거에서 주민들로부터 책임에 대한 평가를 받게 되는 것이다. 단체장에 대한 공천이 실시되지 않는다면 단체장과 소속 정당에 책임을 물을 수 있는 방법이 없다. 현대 정치는 정당정치로 정당이 대표자와 국민을 매개하는 역할을 하는데 국민들의 다양한 요구와 이익이 정당을 통해 표출되고 있다. 이러한 이유로 정당은 의사결정에 중요한 역할을 하게 되는데 정당이 선거 과정과 집권 이후에 책임성을 유지해야 한다는 점에서 책임정당과 책임정부는 동일하게 유지될 수밖에 없다. 이러한 차원에서 지방정부가 내린 결정에 대해서는 단체장과 정당이 같이 책임을 져야 한다.

2. 비례대표제 도입

현재의 기초의회와 광역의회에 많은 전문가들이 진출할 수 있도록 하는 것은 단체장 견제에 있어 필요하다. 이를 위해 기초의원을 비례대표제로 뽑고 광역의원의 높은 비율을 비례대표로 선출하는 방안을 고려해 봐야 한다. 물론 이러한 방안은 지방의회의 권한 확대가 동시에 이루어지면서 추진되어야 한다. 비례대표제를 전면적으로 도입하게 된다면 기초의회에 청년, 여성 및 전문성을 띤 의원들이 입성하는 기회를 제공함으로써 지방의회의 전문성 및 참신성을 높일 수 있다. 앞서 언급했듯이 기초의회는 전문성 차원에서 보았을 때 매우 낮다고 말할 수 있다. 의회 전문성을 높이기 위해서는 의회에 회계, 도시개발, 산업육성, 복지 등 전문지식을 갖춘 인물이 필요하다. 비례대표제 도입은 이러한 인물들이 지방의회에 많이 입성할 수 있도록 길을 열어줄 것이다. 한편 비례대표제 도입은 절대적으로 부족한 여성정치인과 청년정치인들이 기초의회에 입성하는 기회를 제공할 것이다. 현재의 공천제도, 낮은 비례대표의원 비율하에서는 여성과 청년들의 지방의회 입성이 제한될 수밖에 없다. 특히 실력 있는 청년정치인과 여성정치인은 지역위원장(국회의원)의 견제를 받고 있어 공천 및 지방의회 진출이 더욱 어려운 실정이다. 비례대표제에 여성 할당을 높이고 청년의원의 진출을 장려한다면 이들의 진출은 용이해질 것이다. 기초의원 선출에 전면 비례대표제가 도입된다면 연임 규정이 고려되어야 할 필요가 있다. 비례대표의원으로 선출될 경우 3선으로 제한함으로써 새로운 인물이 들어오도록 하고, 기초의원들이 다른 선출직에 도전하도록 유도함으로써 건전한 경쟁을 불러일으켜야 한다.

광역의회 또한 비례대표의원의 비율이 50%로 높아져야 하는데 광역의회가 단체장을 효율적으로 견제하기 위해서는 높은 전문성이 요구되기 때문이다. 광역의회의 경우 규모와 예산 면에서 보았을 때 기초의회에 비해 좀 더 높은 전문성을 필요로 한다. 그러나 현재 광역의회는 전문성을 갖춘 의원의 진입이 어려운 상황이다. 특히 낮은 비례대표의원의 비율로 인해 더욱 힘들어지고 있는데 도시개발, 산업육성, 과학기술, 창업, 회계예산 관련 전문가가 매우 필요한 상황이다. 그럼에도 전면 비례대표제 도입보다는 50%의 비례대표의원 비율을 주장하는 것은 기초의원의 전면 비례대표제 도입에 따른 지역구 의원의 필요성 때문이다. 기초의원 비례대표제가 청년, 여성, 전문인의 의회 진출에 역점을 둔다면 광역의회는 여성, 전문인의 의회 진출에 역점을 둘 필요가 있다.

3. 지방자치단체 파산제 도입

단체장의 결정에 대한 책임을 강화하고 이를 견제한다는 측면에서 현재 논의되고 있는 지방자치단체 파산제는 도입을 고려해봐야 한다.[2] 현재 지방정부는 단체장의 무리한 사업 추진, 독단적 결정, 방만한 경영 등으로 인해 지방재정이 악화되는 경우가 많다.[3] 특히 지방정부의 예산 낭비에 대한 외부의 규제나 내부의 견제가 없다는 점이 문제다(이상경 2012). 이렇게 될 경우 지방정부는 중앙정부에 손을 내밀게 되고 이에 대한 책임은 사업의 책임이 있는 단체장보다는 주민에게 돌아가게 된다. 지방자치단체 파산제는 기업 파산과 달리 청산을 전제로 하지 않고 지방정부의 재정상 자율권을 제한하는 것으로 채무상환불이행 등 자력으로 재정 위기를 극복하기 어려운 지방자치단체에 대해 정부 또는 상급단체가 개입해 재정 회생(재생)을 추진하는 제도로 검토되어야 한다(이상경 2012).[4] 현재 논의되고 있는 지방자치단체 파산제는 일정한 준칙에 따라 재정 위기에 이른 지방자치단체에 대해 세입·세출 관리를 강화하고 행정·복지서비스를 감축하는 형태로 제도가 설계될 필요가 있다(헤럴드경제

2　일본은 1950년대부터 지방재정재건 촉진 특별조치법에 따라 재정이 부실한 지자체에 대해서는 예산 편성과 자치 기능에 제약을 가해 왔고 유바리시 파산을 계기로 2007년 지방 공공단체 재정 건전화에 관한 법률을 제정해 지자체 책임성을 더욱 강화했다. 미국은 연방정부의 연방파산법 주정부의 재정통제위원회를 통해 지방정부 세입·세출에 직접 관여하거나 주정부 특별법에 따라 지방정부 자치권을 대폭 제약할 수 있는 파산관재인을 파견하거나, 파산법원이 지방정부와 채권자위원회 간 채무조정계획을 허가하는 방식을 활용하고 있다. 독일 지자체는 아예 균형재정을 유지하도록 의무화하고 있다(매일경제 2014.1.15.).

3　안정행정부는 지방자치단체의 책임재정 확보를 위해 지방자치단체 파산제를 추진한다는 계획을 밝힌 바 있다.

4　이 점이 중요한 것은 국가와 지방자치단체는 통치단체이기 때문에 파산에 의해 재산관리권을 박탈하는 것은 통치운영에 방해되는 것이다라는 견해가 강하기 때문이다(장선희 2011; 이상경 2012; 표명환 2010)

2014.1.15; 매일경제 2014.1.15). 지금도 지방정부재정위기 사전경보시스템에 따라 예산 대비 채무 비율이 높은 지방자치단체들에 대한 모니터링이 이뤄지고 있지만 현재 재정위기관리위원회는 제대로 개최되지 않았고 심의 결과 주의, 위기로 지정된 지방자치단체는 하나도 없어 이것만으로는 부족하다는 의견이 높다. 미국과 일본 등의 경험을 참고해 실질적인 지방자치단체 파산제를 도입하되 지방자치단체장의 도덕적 해이를 막고 책임성을 높일 수 있는 최적 시스템을 마련해야 한다는 목소리가 강하다(매일경제 2014.1.15.).

　그러나 지방자치단체 파산제에 대해 현재의 국세와 지방세 비율 구조에서 지방자치단체 파산제를 시행한다는 것은 옳지 않다는 주장도 강하다. 지방자치단체들이 중앙정부 매칭펀드로 부담해야 하는 복지비가 늘어나고 있고 취득세 하락으로 인해 재정이 점점 좋아지지 않은 상태에서 지방자치단체에 대한 재정분권 등 자율권 확보 없이 지방자치단체 파산제만 시행한다는 것은 재정책임성을 발휘하지 못하도록 제도를 만들어 놓고 책임을 묻는 것과 같다는 지적이다. 특히 지방정부의 부채보다는 공기업(공사)의 부채가 더 큰 상황에서 지방자치단체를 대상으로 한 파산제를 도입한다는 점은 옳지 않다는 것이다. 지방자치단체 파산제가 시행된다면 지방정부들은 재정건전성 확보를 위해 사업 자체를 추진하지 않게 될 가능성이 크기 때문에 대민 서비스는 하락할 것이며 현재의 안전행정부의 사전경보시스템, 시민들에 의한 주민예산참여제 등으로 충분하니 도입에 신중해야 한다는 주장이다.

III. 정부구조 변화를 통한 단체장 견제

현재 단체장의 권한이 너무 크다는 점에서 단체장의 권한이 현재와 같이 발휘될 수 없도록 하는 제도적 변화가 필요하다. 이것은 정부구도의 변화를 통해 가능할 것이다. 현재의 획일적인 강시장-약의회의 지방정부 구조를 획일적으로 하지 않고 좀 더 다양화시켜 발생할 수 있는 단체장의 권한 남용을 사전에 예방하자는 것이다. 이를 위해 정부의 구조를 지방정부(기초단체정부)가 선택하도록 해야 한다. 인구 크기와 지역 크기에 따라 몇 가지 선택할 수 있는 옵션을 주면서 말이다. 이를 위해서는 도시를 인구와 면적 크기에 따라 구분해야 할 필요가 있다.[5] 한국의 기초단체의 특징은 평균 인구가 매우 많다는 점이며, 기초단체 간 면적과 인구에서 편차가 매우 심하다는 점이다. 그럼에도 현재의 기초단체 지방정부의 구조는 획일적인 강시장-약의회로 지방의 특색이 전혀 고려되지 않은 실정이다.

　　미국의 시정부의 구조를 살펴보면 크게 위원회(Commission) 구조, 의회-매니저(Council-Manager) 구조, 시장-의회(Mayor-Council) 구조, 읍민회(Town Meeting) 구조 등으로 나눌 수 있다.[6] 위원회 구조는 그림 1에서 보듯이 행정부와 입법부가 한 형태로 합쳐져 있는 구조로 위원회 위원들은 각 부서(department)의 장으로 활동하며 책임을 지게 된다. 위원회는 일반적으로 5명으로 구성되어 있으며 이 중 한 명은 시장(mayor)으로 활동하나 다른 위원들에 비해 더 많은 권한을 가지는 것은

5　　도시의 성격에 따라 대도시, 중소도시, 도농복합도시, 농산어촌 등으로도 구분할 필요가 있다.

6　　미국 시정부에 관한 내용은 2010년 국회 입법조사처에 제출한 "미국의 지방선거 정당공천 제도" 내용 중 본인이 작성한 부분임을 밝힌다.

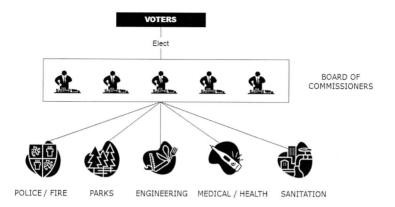

그림 1. 위원회(Commission) 구조
출처: Dye and MacManus 2009

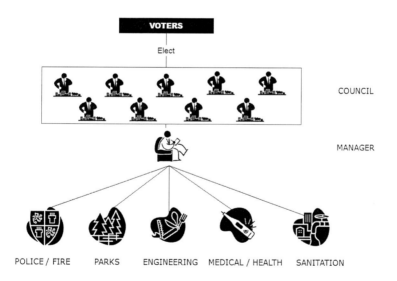

그림 2. 의회-매니저(Council-Manager) 구조
출처: Dye and MacManus 2009

아니다. 현재 위원회 구조를 가지고 있는 시정부는 약 1%에 불과하다. 위원회 구조를 가지고 있는 시정부의 인구는 적게는 10,000명에서 많게는 25,000명 정도다. 이렇게 위원회 구조가 시정부에 의해서 낮은 채택률을 보이고 있는 이유는 위원들이 재선을 위한 작업과 동시에 행정사무 및 관료 관리 등을 동시에 다루는 것이 쉽지 않기 때문이다(Smith et al. 2005). 또한 위원회 구조는 위원들 간 조화가 중요한데 위원들이 각자의 영향력을 위한 활동에 치우쳐 부조화가 나타날 경우 많은 문제점을 드러내기 때문이다(Dye and MacManus 2009).

그림 2는 의회-매니저 정부구조를 보여주고 있는데 의회-매니저 구조는 위원회 구조와 달리 입법부의 역할과 행정부의 역할을 구분한 형태로 유권자들에 의해 선출된 의회는 정책집행을 담당할 전문행정인, 즉 매니저를 임명하며 매니저의 활동을 감독한다. 의회-매니저 구조에서 의회는 정책결정을 내리고 의회에 의해 임명된 매니저가 정책집행 및 행정의 업무를 담당한다. 매니저는 모든 부서를 감독하며 부서의 장에 대한 임명권과 해임권을 갖게 된다. 의회-매니저 정부 구조는 현재 가장 널리 사용되고 있는 형태로 특히 대도시와 소도시보다는 인구 25,000명 이상의 중도시 대부분이 채택하고 있다. 의회-매니저를 채택하고 있는 예외적인 대도시로는 댈러스(Dallas), 샌디에이고(San Diego) 등이 있다. 소도시의 경우 전문 매니저를 고용한다는 것이 재정적으로 큰 부담이기 때문이며 대도시의 경우 인구의 이질성과 다양성으로 인해 임명된 매니저가 이를 극복해 나가는 것은 쉽지 않기 때문에 정당 소속의 시장을 더 원하는 경향이 있다(Dye and MacManus 2009; Smith et al. 2006). 이러한 이유로 의회-매니저 형태를 취하는 정부는 유권자들의 사회, 경제적 동질성이 대도시에 비해 강한 편이다. 의회-매니저 구조의 변화된 형태로 의회와 매니저 외에 시장이 유권자에 의해 선출되는 경우도 있다. 이 경

우 시장의 역할은 정책 실행과 발전을 위한 안내자 역할과 함께 합의 구축을 위한 역할을 수행한다. 의회-매니저 구조를 택하고 있는 정부 중 시장을 따로 선출하는 정부는 약 65%에 이르고 있다(Dye and MacManus 2009)

의회-매니저 구조의 장점은 매니저의 전문성이며 높은 윤리규범이라고 말할 수 있다. 매니저들의 결정은 단기적 당파적 고려를 배제한 채 이루어지며 선거 캠페인에 참여하는 것이 금지되어 있어 정치적 중립성을 띠고 있다. 전문성을 띤 매니저들은 효율성과 한층 강화된 업무수행 능력을 보여주고 있다. 한편 의회-매니저 구조는 갈등보다는 협력의 거버넌스(governance)를 생산하고 있다. 그러나 의회-매니저 구조의 약점은 매니저들의 교체율이 높아 업무의 지속성이 떨어진다는 점을 들 수 있으며 매니저의 전문성이 떨어질 경우에도 해고하기 힘든 구조라는 점을 들 수 있다. 또한 매니저의 주민 요구에 대한 반응성이 선출직 시장에 비해 낮다는 점도 문제라고 할 수 있다(Ross and Levine 2006).

시장-의회 구조는 시장에게 부여된 권한에 따라 강시장-의회 구조와 약시장-의회 구조로 나뉜다. 강시장-의회의 장점은 시장이 정부 운영에서 강력한 리더십을 보일 수 있어 책임성과 효율성의 문제를 해결한다는 것이다. 그러나 미디어를 잘 다루고 선거에서 우세한 캠페인을 보인다고 해서 유능한 행정인을 의미하지는 않는다는 점이 약점으로 나타난다. 약시장-의회의 장점은 독립 위원회와 의회는 시장의 권한 행사를 견제할 수 있어 행정권이 남용되는 것을 사전에 방지할 수 있다는 점이다. 그러나 권한이 분산되는 관계로 인해 정부의 효율적 운영이 쉽지 않고 책임 소재가 불분명하다는 문제점을 보이고 있다(Ross and Levine 2006).

우리의 경우 도시의 인구와 예산이 점점 커지는 곳과 수준을 지속적으로 유지하는 곳, 규모가 점점 작아지는 곳은 정부구조에 변화를 줄 필요가 있다. 도시의 인구와 예산이 점점 커지는 곳은 시장-의회의 구조보다는 매니저-의회의 구조를 생각해 볼 필요가 있다. 한편 시장-의회형에 매니저를 두는 것도 고려해 볼 만하다. 도시가 커지는 만큼 사업이 많아질 수밖에 없기에 도시 전문가의 투입이 필요하다는 것이다. 미국의 경우도 인구성장 등을 통해 행정적, 기술적 문제를 경험하고 있는 정부의 경우 의회-매니저형 정부를 택하고 있는데 이는 빠른 발전을 보이는 도시의 경우 경험이 풍부한 전문인을 필요로 하기에 의회-매니저형을 선호하기 때문이다. 도시 전문가는 지역발전, 시설 확충 및 개발 관련해서 전문가 혹은 예산 관련 전문가일 필요가 있다. 농산어촌 도시의 특징은 면적이 매우 넓지만 인구는 적다는 점이다. 이들은 시장-의회형보다는 다수의 의원들을 선출하고 그들 중 몇 명이 위원회를 구성하는 조금 변형된 형태의 위원회로 정부구조를 개편하면 좋을 것이다.[7] 반면 도시가 넓으며 인구가 10만 명 내외 정도의 지방정부에서는 앞서 언급한 위원회 형태(혹은 의회 형태)로 정부구조를 갖추면서 위원회(의회)가 매니저를 고용하여 행정업무를 맡게 하는 방안도 모색된다.

　　정부구조의 선택이 중요한 것은 현재 단체장의 권한은 너무 크고 의회의 권한은 미비한 비대칭적 구조 속에서 나타나는 단체장에 대한 견제 미비 현상을 정부구조 변화를 통해 달성할 수 있기 때문이다. 또한, 정부

7　2013년 기준 인구 3만 미만의 지방자치단체는 인천 옹진군, 강원 화천군·양구군·양양군, 전북 진안군·무주군·장수군, 전남 구례군, 경북 군위군·청송군·영양군·울릉군이며 2013년 기준 인구 3-5만 지방정부를 보면 경기 연천군, 강원 횡성군·영월군·평창군·정선군·철원군·인제군·고성군, 충북 보은군·괴산군·단양군·증평군·계룡시·청양군, 전북 임실군·순창군, 전남 곡성군·장흥군·강진군·함평군·장성군·진도군·신안군, 경북 영덕군·청도군·고령군·성주군·봉화군, 경남 의령군·산청군·함양군이다 이들의 특징은 인구는 적고 면적은 매우 넓다는 점이다. 지방자치의 효율적 실시를 위해서는 강시장-약의회보다는 위원회/위원회-매니저 형태의 정부가 적절하다.

구조가 지역적 환경 및 상황에 맞게 갖추어지고 거버넌스라는 측면에서 성공적인 결과를 얻게 된다면 다른 지방정부로 확산(diffusion)될 수 있기 때문이다. 성공적인 정책이 다른 정부에 영향을 미쳐 도입되어 전파되는 것을 쇄신정책의 확산(diffusion of policy innovation)이라 한다. 정부의 구조도 지방의 특색에 따라 선택하게 함으로써 비슷한 특색을 가진 지방정부가 상이한 구조를 채택함에 따라 나타나는 결과는 다른 정부들에 커다란 영향을 미치게 될 것이다.

IV. 결론을 대신하여

이번 장에서는 강시장–약의회 지방정부 구조 속에서 단체장에 대한 견제는 어떠한 방식으로 이루어질 수 있는지 논의해 보았다. 무엇보다 가장 기본적인 견제방식은 의회를 통한 방식이다. 아무리 의회의 권한이 약하더라도 의회의 권한을 통해 단체장에 대한 견제는 가능하기 때문이다. 한편 의회가 단체장에 대해 좀 더 강한 견제를 실시하기 위해서는 의회의 전문성 강화가 필수적이다. 이는 비례대표제 전면 도입(광역단체의 경우는 50%의 비례대표의원 비율)을 통해 실현될 수 있는데 비례대표제를 통해 각 영역에 전문성을 띤 유능한 인재를 영입할 수 있기 때문이다. 한편 기초의원 전면 비례대표제 도입은 청년/여성정치인의 의회 입성을 용이하게 함으로써 지방의회에 활기와 투명성을 보장해 줄 것이다. 단체장에 의해 지방재정에 커다란 타격을 주는 문제가 발생할 경우 지방정부를 구성한 정당은 정치적 책임으로부터 자유로울 수 없다. 이에 단체장에 대한 정당공천제는 필요하다. 현재 실시되고 있는 주민참여예산제 그리고 도입이 거론되는 지방자치단체 파산제는 단체장 견제의 수단으로 역할할 수 있는 제도다. 주민참여예산제가 자치단체에서 실효적으로 실시될 수 있도록 해야 하며 지방자치단체 파산제는 지방재정 건전성 강화 차원에서 실시될 필요가 있다.

마지막으로 현재의 획일적인 지방정부 구조 변화는 단체장 권한 견제를 위해 필요하다. 지방정부의 크기와 인구에 따라 다양한 형태의 정부구조가 도입되고 실시되어야 한다. 특히 한국형 위원회 구조와 확대된 위원회–매니저형 구조는 인구는 적고 크기는 넓은 지방정부에서 고려해볼 필요가 있다. 또한 인구 증가가 크고 개발 사업이 많은 지방정부에서는 단체장–의회의 전형적인 구조를 의회–매니저형으로 변화시키든지 아니면 단체장–의회 구조에 전문 지식을 가진 매니저를 고용하는 방식으로 정부구조를 개편하여 단체장에 대한 견제를 다양화하는 방안을 모색해 봐야 한다.

지방자치 실시 20년을 맞이하여 획일적인 지방정부 구조 그리고 지방의원 선출방식은 지방정부가 맞이하고 있는 특성에 맞춰 다양화하여야 한다. 다양성이 보장될 때 혁신적인 방안이 모색될 수 있으며 성공적인 혁신 사례는 확산을 통해 지방정부의 역량 강화로 연결될 것이다.

지방의회와 주민 참여: 현황과 개선 방안

최준영

I. 들어가며

지방자치는 "일정한 지역공동체의 주민이 자치단체에 참여하여 지역의 공동사무를 자기 책임 하에 스스로 또는 대표자를 통하여 처리하는 정치분권화제도"를 의미한다(임승빈 2013). 우리나라의 지방자치는 6 · 25 전쟁이 한창이었던 1951년 12월 31일 헌법 개정을 거쳐 최초로 실시되었으나, 1961년 5 · 16 군사 쿠데타 이후 잠시 휴지기에 접어들게 되었다. 그러나 민주화 이후 지방자치에 대한 국민적 요구가 거세지는 상황에서 정치권은 관련법을 개정하여 1991년 지방의회 선거를 우선적으로 실시하고 1995년부터는 단체장 선거를 포함한 이른바 4대지방선거를 실시하는 결정을 내리게 되었다. 우리나라는 이후 약 20여 년간 지방자치의 경험을 쌓아오고 있다.

    지방자치제의 본격적인 시행은 한국 민주주의의 질적 수준을 고양시킬 수 있는 중대한 계기가 될 것으로 간주되었다. 왜냐하면 지방자치제는 중앙집권적 체제에 비해 다음과 같은 여러 가지 장점을 지니고 있다고 생각되었기 때문이다. 첫째, 국가 전체에 획일성을 강요하는 중앙집권적 체제에 비해 지방자치는 지역의 특수성과 다양성이 보다 적극적으로 고려될 수 있는 여지를 높인다. 국가 전체를 대상으로 하고 있는 중앙집권적 체제하에서는 지방의 특수성과 다양성이 무시된 채 행정편의적이고 획일적인 정책결정이 이루어질 가능성이 높다. 그러나 지방자치제하에서는 그러한 특수성과 다양성이 오히려 지방정치의 핵심적 사안을 구성하며, 따라서 지방의 고유한 실정에 맞는 정책들이 마련될 수 있다. 이는 지역주민들의 삶을 실질적으로 개선시킬 수 있는 정책의 입안과 집행으로 이어질 수 있다는 점에서 정파적 이해관계나 이념에 입각한 정치가 아니라 주민의 생활 욕구를 충족시켜줄 수 있는 삶의 정치, 생활의 정치가 확산되는 효과를 창출할 수 있다.

둘째, 지방자치제는 정부나 권력에 대한 민주적 통제가 보다 효과적으로 이루어질 수 있게 만든다. 지방정부는 주민과 가장 가까운 정부이며 이들이 수행하는 일은 주민의 삶과 직결된 것이 많을 수밖에 없다. 따라서 주민들은 보다 적극적으로 지방정치 과정에 참여하고자 하는 인센티브를 지니고 있을 확률이 높다. 이러한 주민들의 적극적인 정치참여는 정부의 업무에 대한 민주적 통제 수준을 강화시킬 수 있는 근간이 된다.

마지막으로, 지방자치는 정부구조를 독점적 형태에서 경쟁적 형태로 전환시킬 수 있다는 점에서 장점이 있다. 중앙집권적 체제는 하나의 정부가 모든 것을 통제하는 독점적 정부형태이다. 독점적 기업이 시장을 장악하고 있는 경우 소비자의 선호가 자주 무시되는 것처럼, 정치시장에서도 하나의 정부만 있는 경우 일반 시민의 선호가 제대로 정책결정과정에 반영되기 어려울 수 있다. 그러나 여러 정부가 서로 경쟁하고 있는 경우 정부가 보다 적극적으로 일반 시민들의 바람과 희망에 귀 기울이고 이를 실천하고자 하는 인센티브가 강화될 수 있다. 왜냐하면 주민들은 여러 정부들의 성과를 비교하는 것을 통해 각 정부에 대한 상대평가를 수행할 수 있고 그러한 평가에 따라 다음 선거에서 현직자에 대한 처벌이나 보상을 할 수 있기 때문이다. 결국 지방자치제는 각각의 정부로 하여금 주민의 삶을 개선시키기 위한 경쟁에 몰입할 수밖에 없는 구조를 창출하고 이를 통해 보다 나은 대의가 이루어질 수 있도록 만든다.

　　그렇다면 20여 년에 걸친 우리의 지방자치 경험은 위와 같은 긍정적 결과를 만들어 왔는가? 다시 말해 우리의 지방자치는 한국 민주주의의 질적 수준을 성공적으로 고양시켜 왔다고 평가할 수 있는가? 특히 지방자치의 핵심적 기관인 지방의회(기초와 광역의회)는 한국 민주주의의 발전을 위해 제대로 된 역할을 수행하여 왔는가? 주민들의 민원 서비스가 과거에 비해 훨씬 개선되어 온 것처럼 분명 일정 부분은 성과를 만들어 냈다고 할 수 있다. 그러나 그간의 지방자치 경험은 한국 민주주의의 발전에 그다지 큰 기여를 하지는 못한 것으로 판단된다. 이 글에서는 한국의 지방자치제가 어떤 이유에서 실패로 귀결되고 있는지 지방의회에 비중을 두어 살펴보고 이를 극복하기 위한 대안은 어떤 것이 있는지 탐색해보도록 한다.

II. 무엇이 문제인가?

지방자치가 제대로 이루어지기 위해서는 두 가지 전제조건이 반드시 충족될 필요가 있다(임승빈 2013). 첫째, 중앙정부에 대한 지방정부의 자율성이 확보되어야만 한다는 점이다. 지방정부의 자율성 수준이 매우 낮다면 지방정부는 자치를 구현하기 위한 독립적 존재이기보다는 중앙정부의 업무를 대행하는 하위 정부조직에 머무를 수밖에 없다. 둘째, 지방의 정치과정이 민주적으로 이루어져야만 한다. 주민들의 적극적인 관심과 참여를 통해 지역을 대표할 인물이 선출되고, 선거 이후에 이루어지는 지방정부의 정책결정에도 주민들의 자발적 참여가 활발히 이루어지지 않는다면 자치의 의미는 크게 퇴색될 수밖에 없다. 이와 같은 두 가지 전제조건, 즉 대외적 자율성과 대내적 민주성은 지방자치의 성공 여부를 측정할 수 있는 중요한 판단기준이 된다.

한국의 지방자치가 겪고 있는 문제는 바로 이와 같은 두 가지 전제조건이 제대로 충족되지 못한 상태에서 지방자치제가 그림 1과 같은 악순환 구조 속에 갇혀 있다는 점에서 찾아볼 수 있다. 한국 지방자치가 처해 있는 악순환 구조는 허울뿐인 지방분권에서부터 시작된다. 지방분권이란 "지역의 특성에 맞는 지방자치의 활성화를 통하여 지역의 발전 잠재력을 극대화하여 지역을 발전시키고 이를 국가의 발전과 연계시킨다는 목적을 가지고 중앙정부가 가지고 있는 권한을 지방에 나누어 주는 것"을 의미한다(김필두 2013). 이러한 지방분권의 수준, 즉 중앙정부가 자신이 지니고 있던 권한을 얼마만큼 지방정부에 이양하느냐가 지방정부의 자율성 수준을 결정짓는다고 말할 수 있다.

한국은 지방자치제가 부활한 지 20년이 넘어가고 있지만 지방정부가 독립적으로 행사할 수 있는 권한은 극히 제한적인 형편에 머무르고 있다. 예를 들어 전문가를 대상으로 현재 한국의 지방분권 수준을 물어본 한 연구결과에 의하면 전체 응답자의 82.4%가 미흡하거나 매우 미흡하다고 대답한 것으로 나타났다(김찬동 2013). 지방분권 수준이 미흡하다는 사실은 여러 분야에서 확인할 수 있다. 우선 지방자치법 제22조의 단서조항을 살펴보자. 지방자치법 제22조는 "지방자치단체는 법령의 범위 안에서 그 사무에 관하여 조례를 제정할 수 있다. **다만, 주민의 권리**

그림 1. 한국 지방자치의 악순환 구조

제한 또는 의무부과에 관한 사항이나 벌칙을 정할 때에는 법률의 위임이
있어야 한다"고 규정하고 있다. 이러한 단서조항이 없는 일본의 경우 주
민의 권리를 제한할 수 있는 환경조례 같은 것을 지방정부 차원에서 제
정할 수 있으나 우리나라의 경우 그러한 것이 원천적으로 불가능하다(이
기우 2008).

　한편 국회의 입법 관행은 대강의 사항만을 법률로 정하고 구체적인
내용은 지방의회에서 만드는 조례보다는 시행령이나 시행규칙에 위임하
는 것으로 알려져 있다. 시행령이나 시행규칙은 중앙부처에서 획일적으
로 결정되는 것이기 때문에 지방정부가 조례를 통해 지역실정에 맞는 정
책을 입안하기 현실적으로 매우 어려운 형편이다. 또한 지방정부의 행정
기구 설치에 대해서도 지방정부가 자율적으로 정하기 어려운 상황이다.
예를 들어 중앙정부는 "자치단체장을 제외한 부단체장 이하의 기구설치
에 대한 기준이나 지침을 제시하고 있으며, 이러한 지침과 기준을 벗어

나는 어떠한 행위에 대해서도 행정자치부의 승인을 얻도록 하고 있다"(홍준현 2008: 18). 이와 같은 예에서 확인할 수 있는 것처럼 한국의 지방분권의 수준은 극히 낮은 상태에 머물러 있다.

그렇다면 한국의 지방분권이 어떠한 문제점을 안고 있는지 좀 더 구체적으로 살펴보도록 하자. 크게 세 가지 문제점이 있다. 첫째, 중앙과 지방 사이의 역할 배분이 명확히 설정되어 있지 못하다는 문제점이 있다(김성호 2013; 최병대 2013). 지방자치가 원활히 이루어지기 위해서는 중앙정부의 업무와 지방정부의 업무가 명확히 구분되어야만 한다. 그리고 각 정부의 고유한 업무와 권한에 대해서는 서로 개입하거나 간섭하는 일 없이 각자가 자율적으로 행동할 수 있어야만 한다. 그러나 현재 한국의 지방자치 관련법들에는 중앙-지방정부 간 역할 배분이 명확히 제시되어 있지 못한 형편이다. 또한 지방정부가 수행하여야 하는 자치사무, 단체위임사무, 기관위임사무에 대한 정의도 불분명하여 어디까지가 지방정부의 고유한 사안이고 어디까지가 중앙정부로부터 위임된 사안인지 식별하기도 매우 어려운 상황이다(임승빈 2013).

둘째, 재정분권 수준도 매우 저조한 상태이다. 지방분권은 현실적인 재원배분 없이는 제대로 이루어지기 불가능하다. 행정안전부에서 발표한 2012년도 예산 개요를 살펴보면 교육부분을 제외하였을 때 중앙정부에 할당된 예산은 전체의 42.8%이고 지방정부에 할당된 예산은 전체의 42.2%를 기록하였다. 거의 비슷한 상황이다. 그러나 2012년도 국세와 지방세의 비율은 79.3% 대 20.7%로 나타나 지방정부 예산의 상당량이 독립적으로 확보되지 못하고 중앙정부로부터 지원되는 의존재원으로 이루어지고 있음을 확인할 수 있다. 더구나 이러한 의존재원도 중앙정부에 의해 이미 용도가 지정되어 있는 경우가 많아 지역 실정에 맞게 예산을 활용하기도 매우 어려운 상황이다(김성호 2013). 정치가 가치의 권위적인 배분이라 정의된다면, 배분할 가치를 제대로 지니고 있지 못한 지방정부는 정치다운 정치를 수행할 수 있는 기회조차 박탈되어 있는 상황이라 할 수 있는 것이다.

셋째, 광역자치단체와 기초자치단체 간 역할 배분도 명확히 설정되어 있지 못하다. 지방자치법을 살펴보면 두 자치단체는 거의 비슷한 역할을 수행하는 것으로 파악된다. 크게 보아 두 자치단체를 가르는 기준은 단지 광역과 기초라는 각 자치단체가 대표하는 단위일 뿐이다. 그러나 기초단위가 지역적으로 광역단위에 포함되어 있기 때문에, 즉 두 자치단체가 대표하는 지역이 겹치기 때문에, 두 자치단체 사이에 역할배분이 명확히 제시되지 않는다면 필연적으로 업무의 중복이 나타날 수밖에 없다. 이는 지방자치의 효율성을 저해하는 요인으로 작용한다.

이처럼 실질적인 지방분권이 존재하지 않는 상황에서 지방자치단체의, 그 중에서도 특히 지방의회의 역할과 권한은 극히 제한적이 될 수밖에 없다. 지방의회의 기본적인 권한은 자치법규인 조례를 제정하고 개·폐하는 것이 놓여 있다. 조례는 "지방자치단체의 의회가 당해 지방자치단체의 지역적 사무를 처리하기 위하여 자치권에 의거하여 제정하는 자치법규"를 의미한다(임승빈 2013). 그러나 이러한 조례는 국회에서 제정되는 상위법의 테두리를 넘어설 수는 없다는 점에서 내용적으로 많은 제한을 받고 있다. 또한 조례 위반에 대해서도 과태료는 매길 수 있으나 형벌을 가할 수는 없는 형편이라 지방의회 입법권의 효력은 그리 크지 못한 상황이다. 한마디로 지방의회의 정책결정권은 매우 낮은 수준에 머물러 있으며, 따라서 지방 현안을 지방의회 차원에서 자체적으로 해결한다는 것은 실질적으로 불가능한 형편이라 할 수 있다.

이와 같이 지방분권이 명목상으로만 이루어지고 있으며 따라서 지방의회를 비롯한 지방자치단체의 권한이 극히 제한적인 상황은 능력 있는 정치인이 지방정치에 충원되는 것을 저해하는 중요한 원인이 된다. 지방정치가 발전하기 위해서는 지역문제에 대한 전문성 그리고 지역발전에 대한 열정을 지닌 출중한 인물들이 지방선거에 출마하여 당선될 필요가 있다. 그러나 지방자치단체 자체가 지니고 있는 권한이 중앙에 비해 매우 약하게 설정되어 있다면, 능력 있는 인물들이 지방자치단체에서 활동하고자 하는 동기는 매우 약해질 수밖에 없다. 즉 야심차고 뛰어난 능력을 가진 인물들은 중앙정치로 바로 진출하고자 하지 능력을 발휘할 기회조차 제대로 주지 않는 지방에서 허송세월을 하고 싶지는 않을 것이란 말이다. 광역단체장이나 기초단체장과 같이 행정수반의 역할을 담당할 수 있는 자리는 그나마 형편이 나을 수 있다. 그러나 기초의회나 광역의회 같은 경우는 심각한 인물난에 봉착할 수밖에 없는 구조이다.

이러한 악순환의 고리는 결과적으로 지역주민의 낮은 지방정치 참여수준으로 이어진다. 전술한 것처럼 지방의회의 정책결정권은 극히 제한적이며, 따라서 전문성과 지역발전에 대한 열정을 지닌 능력 있는 인물이 주민의 대표로 선출되기도 어려운 상황이다. 이러한 상황에서 주민들은 지방정치 과정에 참여할 동기가 매우 낮아질 수밖에 없다. 버바(1967)는 주민 참여를 "공권력이 부여되지 않은 일반 주민들이 공적 권한이 부여된 사람들의 행위에 영향력을 미칠 의도로 정책결정과정에 참여하는 것"이라고 정의내린 바 있다. 그러나 지방의회의 공적 권한이 명확하지도 않고 그나마 그 내용도 극히 제한적이라면 주민들은 지방의회의 정책결정과정에 참여할 아무런 이유를 찾을 수 없을 것이다.

또한 지방의회가 지역주민의 삶에 별다른 영향을 미치지 못한다는 것을 알고 있는 주민들은 지방선거에 적극적으로 참여하고자 하는 인센티브도 적을 수밖에 없다. 누가 당선되든 별 차이가 없다고 판단하기 때문에 후보들이 제시한 공약에도 관심을 쏟기 어렵고 심지어 후보가 누구인지조차 알려고 하지 않을 가능성이 높다. 지방선거에서 기호효과나 줄줄이 투표 현상이 발생하는 주된 이유이다. 한편 지방선거에 출마한 후보들의 면면이 지역주민들의 폭발적인 관심과 흥미를 끌 수 있을 만한 수준이 되지 못하는 경우가 대부분이라는 사실도 선거과정에 주민 참여가 소극적인 원인이 될 수 있다.

　이와 같은 악순환은 허울뿐인 지방분권이라는 악순환이 시작된 지점으로 연결됨으로써 하나의 온전한 순환구조로 완성된다. 예를 들어 지방의회의 권한은 제한적이라 지방 발전의 측면에서 어떤 가시적인 효과를 창출하기 어려우며, 지방의회에서 활동하고 있는 지방의원들의 수준도 그리 높지 못하다. 또한 주민들의 참여 수준도 매우 낮아 지방자치의 민주적 정당성도 확보되기 어렵다. 이런 상황에서 중앙정부가 더 많은 권한을 지방정부에게 이양할 수 있을까? 지방정부에 더 많은 권한을 이양하기 위해서는 지방정부가 지방자치를 제대로 할 수 있다는 점이 검증되어야 할 필요가 있다. 또는 주민들이 지방정치과정에 광범위하게 참여함으로써 지방정부로의 권한 이양에 대한 민주적 정당성이 확보되어야 할 필요가 있다. 그러나 이러한 것들이 제대로 이루어지고 있지 못한 상태에서 중앙정부는 본격적인 권한 이양이 몰고 올지도 모르는 참담한 결과에 대한 두려움과 의구심이 있을 수밖에 없으며, 이러한 두려움과 의구심은 결국 지방분권이 명목적인 차원에 그대로 남아 있게 하는 중요한 이유가 된다.

　그러나 이미 우리가 살펴보았던 것처럼 악순환의 시작은 중앙정부가 지방정부에 충분한 권한을 양도하지 않았다는 사실에서부터 출발하고 있다. 지방자치의 문제점을 개선해 나가기 위해서는 바로 이 점부터 개선할 필요가 있는 것이다. 그리고 이와 더불어 악순환의 각 고리를 구성하고 있는 사안들이 지니고 있는 문제들도 동시에 개선할 필요가 있다. 그렇다면 지금부터 한국 지방자치제의 발전을 위해 구체적으로 어떠한 노력이 필요한지 알아보도록 하자.

III. 어떻게 할 것인가?

전술한 대로 지방정부가 중앙정부로부터 이양 받은 권한의 내용과 수준은 극히 제한적이며, 이는 지방의회를 비롯한 지방정부가 지역의 고유한 문제를 자체적으로 해결할 수 없게 만드는 주된 원인이 되고 있다. 이러한 점은 한국 지방정부의 대외적 자율성 수준이 매우 낮다는 것을 의미한다. 또한 능력 있는 인물이 지방정치로 충원되기도 어려우며 주민들의 지방정치과정에 대한 참여 수준도 매우 낮아 대내적 민주성의 측면에서도 많은 문제점이 존재한다. 결국 한국 지방정치의 발전을 위해서는 대외적 자율성과 대내적 민주성을 동시에 강화시키기 위한 노력을 통해 한국 지방자치의 악순환 고리를 끊을 필요가 있다고 판단된다. 그리고 이러한 노력은 허울뿐인 지방분권을 실질적인 지방분권으로 전환시키는 것으로부터 시작되어야 한다.

　실질적인 지방분권이 이루어지기 위해서는 우선 중앙정부와 지방정부 사이의 역할 배분을 명확히 설정한 후 지방정부가 담당해야 할 기능을 일괄적이고 포괄적으로 지방정부에 이양시킬 필요가 있다.[1] 이렇게 된다면 지방정부는 적어도 자신의 관할 영역 안에서만큼은 상당한 수준

1　중앙정부도 이러한 점에 대한 필요성은 이미 인식하고 있다. 노무현 정권 당시 "지방분권 촉진에 관한 특별법"이 제정되거나 18대 국회에서도 지방자치법개정안이 발의되기도 하였다. 이러한 법안들은 실질적인 지방분권이 이루어져야 한다는 문제의식의 발로라 간주할 수 있다. 그러나 이러한 문제의식이 제대로 실천되지 못하고 있다는 점에서 한계가 있다.

의 자율성을 가지고 업무를 수행할 수 있을 것이다. 그렇다면 어떠한 기능을 지방정부에 이양해야 하는가 하는 문제가 제기될 수 있다. 지방정부는 주민과 가장 가까운 정부이며 따라서 지역주민의 삶에 무엇이 필요한지 가장 잘 알고 있는 정부라고 할 때 주민의 삶과 직결되어 있는 분야를 지방정부가 담당하는 것이 타당한 것으로 보인다. 예를 들어 복지, 환경, 교육, 경찰치안에 대한 업무를 지방정부가 책임지고 수행할 수 있도록 하는 것이 좋을 것으로 판단된다. 왜냐하면 이 네 가지 분야는 지역마다 고유한 특성과 문제를 지니고 있는 것이기 때문에 중앙정부의 획일적 정책보다는 지방정부의 지역 특색에 맞는 정책이 주민의 삶을 보다 개선시킬 여지가 많기 때문이다.

둘째, 재정분권도 보다 강화되어야 할 필요가 있다. 현재 국세와 지방세의 비율이 약 8 : 2인 상황에서 지방정부가 자율적으로 업무를 행사하기는 극히 어렵다. 과도하게 집중되어 있는 국세를 지방세로 대폭 전환시켜 지방정부가 적극적으로 활동할 수 있는 기반을 마련해야만 한다. 만약 복지, 환경, 교육, 경찰치안과 같은 기능들이 지방정부에 이양된다면 이를 제대로 수행할 수 있을 만큼의 재정이 확보되어야 할 것이다.

셋째, 기초자치단체와 광역자치단체의 역할을 좀 더 명확히 할 필요가 있다. 지방의회를 예로 든다면 기초의회와 광역의회가 대변하는 단위에만 차이가 있을 뿐 구체적으로 어떤 측면에서 차별적인 역할을 수행하고 있는지 명확하지 않을 때가 많다. 기초의회이건 광역의회이건 어차피 중복된 지역에 살고 있는 주민들을 대표하는 기구라면 단위별로 구분할 것이 아니라 기능별로 구분하여 양원제를 구성하는 것도 한 방안이 될 수 있다. 즉 기초의회를 하원으로 하고 광역의회를 상원으로 하여 각 원에 고유한 권한과 기능을 제공한 상태에서 서로 유기적으로 작동할 수 있는 길을 열어 주는 것이다. 물론 기초자치단체장이나 광역단체장에 대한 견제의 역할은 지금처럼 하원과 상원이 각각 담당할 수 있을 것이다. 그러나 적어도 입법의 측면에서 하원이 발의하고 상원이 심의하는 것과 같이 각자의 역할을 부여하고 이를 통해 기초단위와 광역단위 전체를 아우르는 정책들이 지방의 상하원에서 일괄적으로 논의될 필요가 있다. 이는 지방업무의 중복성을 최소화함으로써 업무의 효율성을 진작시킬 수 있을 것으로도 판단된다.

넷째, 기초(하원)-광역(상원)-국회의원 삼자 간 정책협의체를 구성하여 지방의회에서 결정된 사안들이 전국적인 차원에서 논의될 수 있는 길을 열어놓을 필요가 있다. 지역주민들과 가장 가까운 위치에 있는 기초(하원)의원들은 지역주민들과 직접적인 접촉을 통해 그 지역주민들의 삶을 개선시킬 수 있는 여러 가지 좋은 방안들을 찾아낼 수 있다. 이들이 찾아낸 방안들 중 지역 차원에서 자체적으로 해결할 수 있는 것들은 광역(상원)의원과의 협의를 통해 해결한다. 그러나 어떤 안건은 중앙정부가 개입해야만 하는 성질을 지닌 것도 있을 것이다. 이때 기초(하원)-광역(상원)-국회의원 삼자 간 정책협의체를 구성하여 국회에 상정될 법안을 같이 협의하여 작성하고 이를 국회에 발의할 수 있다면, 민의의 가장 낮은 곳에서 우러나온 사안이 국회라는 국가적 논의의 장에서 심의될 수 있는 길을 열 수 있다. 만약 이러한 것이 가능하게 된다면 국민을 위한 삶의 정치가 단순한 레토릭의 차원을 넘어서 현실로 구체화될 수 있을 것으로 예상된다. 국회는 삶의 정치를 논하기에는 국민과 너무나 멀리 떨어져 있다. 삶과 생활의 정치는 지역주민의 삶에 밀착되어 있는 지방의회를 매개로 할 때 비로소 가능하다고 본다.

다섯째, 모든 지방정부에 광범위한 권한을 이양하는 것이 현실적으로 어렵다면 능력과 여건이 되는 지방정부를 지정해 순차적으로 이양하는 방법도 고려해 볼 수 있다. 전술한 대로 중앙정부는 지방정부가 과연 자신에게 주어진 기능을 제대로 수행할 것인지에 대한 두려움과 의구심을 가지고 있고, 따라서 지방정부로 권한을 이양하는 것에 대해 주저하는 모습을 보이고 있다. 그렇다면 일정한 기준을 충족한 소수의 지방정부부터 우선적으로 자율성을 강화시켜 어떻게 일이 진행되는지 살펴보는 것이 좋은 해결책이 될 수 있다. 중앙정부로부터 자율적 권한을 양도받는데 실패한 지방정부들은 스스로의 체질을 개선하여 더 많은 권한을 확보하기 위해 경쟁할 것이며, 이는 지방정부의 수준을 전반적으로 상승시킬 수 있는 계기가 될 수 있다. 또한 이미 자율성을 확보한 지방정부도 스스로의 자율성을 유지하기 위해 더 많은 노력을 기울이고자 하는 인센티브도 형성될 수 있다.

여섯째, 지방정부의 자율성이 신장된 만큼 그에 대한 책임성을 강화시키기 위한 방안도 모색될 필요가 있다. 예를 들어 지역주민과 중앙정부의 대리인으로 구성된 지방정부에 대한 감사기구의 설치를 생각해 볼 수 있다. 이러한 기구는 지방정부가 자신에게 부여된 기능을 제대로 수행하고 있는지 지속적으로 모니터링하는 역할을 함으로써 문제가 발생하는 것을 사전에 방지하는 것을 목적으로 한다. 만약 이들의 감사 결과 많은 문제점이 확인된다면 그 지방정부에게 부여되었던 권한은 다시 중앙정부로 귀속되게 만듦으로써 지방정부의 책임성은 신장될 수 있을 것으로 본다.

이와 같이 지방정부의 권한이 강화될 수 있다면 정치인의 지방정부 충원의 문제도 상당 부분 해소될 수 있을 것으로 보인다. 지방정치에 그리 수준이 높지 않은 인물들만이 충원되는 근본적인 이유는 지방정부가 지니고 있는 권한이 극히 제한적이라는 사실에 놓여 있다. 그러나 지방정부가 복지, 환경, 교육, 치안 등 주민의 삶에 직결된 중차대한 문제를 독립적으로 해결할 수 있는 능력을 보유하게 된다면 능력 있는 인물들이 지방정치에 관여하고자 하는 인센티브가 강화될 수밖에 없으며, 이러한 상황은 지방정치로의 충원이 훨씬 개선될 수 있도록 만들 수 있다.

한편 지방정부의 권한 강화는 주민참여의 수준을 극적으로 높일 수 있는 계기가 될 수 있다. 자신의 삶과 직접적으로 연계된 정책을 지방정부에서 입안하고 집행하게 된다면 지방정부를 구성하고 있는 단체장이나 의원들에게 영향력을 행사하기 위해 적극적으로 참여하고자 하는 인센티브가 만들어질 수 있다. 그리고 그와 같이 중요한 업무를 담당하게 될 대표를 선출하는 것도 매우 중요한 의미를 가질 수 있기 때문에 주민들은 지방선거에도 더욱 적극적인 관심을 표명하며 참여할 수 있다. 그러나 이와 같은 주민들의 참여가 더욱 효과적으로 이루어지기 위해서는 다음과 같은 점들이 개선될 필요가 있다고 판단된다.

첫째, 기초의원의 수를 지금보다 늘릴 필요가 있다. 지방자치가 의미를 지니기 위해서는 지역주민의 선호가 구체적으로 파악되어 정치과정으로 전달되어야 할 필요가 있다. 그리고 기초의회는 그 성격상 주민들이 지니고 있는 삶의 고민이나 바람을 가장 손쉽고 정확하게 파악할 수 있는 기구이다. 즉 기초의원들은 삶의 정치를 구현하는 데서 일종의 첨병 역할을 담당하는 존재라는 말이다. 그러나 기초의원의 수가 적어 개별 의원들이 대변해야 하는 주민들의 수가 지나치게 많아진다면 효과적인 대의가 발생하기 어려울 수밖에 없다. 효과적인 대의가 이루어지기 위해서는 기초의원 개인이 대변해야 하는 주민들의 절대수가 줄어들어야만 하고, 이를 위해서는 기초의원의 수가 더 늘어날 필요가 있다.

둘째, 기초의원의 지역구가 재조정될 필요가 있다. 현재 기초의원의 지역구는 편의상 행정단위로 구분되어 있다. 그러나 어떤 지역구에는 대규모 아파트 단지가 들어서 있어 지역주민의 수가 매우 많거나 아니면 농촌처럼 매우 적은 인구만 모여 살고 있는 등 각 지역구에 살고 있는 주민들의 수의 편차가 매우 심한 모습을 보이고 있다. 많은 수의 주민이 하나의 지역구에 모여 살고 있는 경우 이들의 정책적 선호를 확인하는 작업이 극히 어려울 수밖에 없다는 문제점이 있다. 따라서 각 기초의원이 대변해야 하는 주민의 수가 비슷할 수 있도록 지역구를 인구수에 따라 재조정할 필요가 있을 것으로 보인다.

셋째, 지역주민들의 적극적인 참여를 유도하고 조율할 수 있는 주민 중심의 조직이 필요하다. 개별 주민이 단독으로 정치과정에 참여하는 것은 쉽지 않을뿐더러 효과도 크지 않다. 주민 참여의 비용을 낮추고 효과는 진작시키기 위해서는 주민들 자신이 조직되어 있어야만 한다. 현재 읍·면·동사무소가 주민자치센터로 전환되어 활동하고 있는데 이러한 주민자치센터는 주민 참여를 조직화할 수 있는 매우 중요한 기제가 될 수 있을 것으로 판단된다. 그러나 현재의 제도로서는 주민들의 광범위한 참여를 이끌어내는 데 많은 한계가 있다(김홍수 2013).

현재 주민자치센터를 구성하고 있는 위원들은 주민들이 직접 선출하는 것이 아니라 동장에 의해 위촉되며 위원장은 위원들에 의해 선출되고 있다. 이러한 선출 방식은 주민자치위원회의 민주적 정당성을 떨어뜨리는 요인이 되며, 따라서 주민을 대표하는 데서도 한계를 지닐 수밖에 없다. 그러므로 주민자치위원의 선정이 주민들에게 더 개방적이 될 필요가 있다. 또한 주로 자영업자들이 위원이 되는 현실은 주민자치센터의 활동이 전문성을 결여할 수 있다는 비판을 불러올 수 있다. 복지, 교육, 치안 등에 대한 전문지식과 경험을 가진 인물들이 위원으로 활동할 때 보다 효과적인 주민 참여가 이루어질 수 있을 것으로 보인다. 예를 들어 그러한 분야에서 오랜 활동을 하였으나 현재는 현직에서 은퇴한 인물들이 참여하여 자신의 전문지식을 살릴 수 있는 기회를 주는 것이 하나의 해결방안이 될 수 있다.

IV. 나가며

지방자치제의 두 가지 전제조건인 대외적 자율성과 대내적 민주성은 서로 밀접하게 연계되어 있는 개념이다. 지방분권이 제대로 이루어지지 않는다면 주민의 참여가 활발히 일어날 수 없으며, 그 반대도 마찬가지이다. 현재 한국의 지방자치는 이 두 가지 조건이 모두 결여되어 있는 상태에서 악순환의 구조에 갇혀 있는 상황이다. 이러한 악순환 구조를 혁파하기 위해서는 악순환을 구성하고 있는 각각의 고리에 대한 대대적인 수정이 동시다발적으로 일어나야만 한다. 각각의 고리들을 연결하고 있는 힘이 약해질 때 비로소 제대로 된 지방자치가 구현될 수 있을 것이다.

현재 이념이나 정파적 이해관계에 입각한 정치를 타파하고 국민들의 삶을 위한 생활의 정치가 이루어져야 한다는 목소리가 높다. 그리고 이러한 목소리의 대부분은 중앙정치를 개혁하는 것에서 그 해결책을 찾고자 하고 있다. 그러나 생활의 정치는 지방을 지방에게 돌려주는 지방정치가 활성화될 때 비로소 가능한 것인지도 모른다. 관점을 중앙에서 지방으로 바꾸어야 할 때이다.

주민대표성을 제고하기 위한 지방의회 구성의 다양화

이용마

I. 들어가면서

지방선거가 중앙정치의 대리전으로 전락하고, 지방정치가 사실상 부재한 가운데 나타난 대표적인 문제점이 지방의회의 경시 현상이다. 현재 우리나라 지방선거에서 중앙정당이나 주민들 모두의 관심은 광역이든 기초든 단체장을 어느 정당이 차지하느냐에 쏠려 있다. 그러다보니 적어도 자치단체장의 이름 정도는 어느 정도 기억을 하지만, 해당 지역의 지방의원이 누구인지 혹은 지방의회 의원들이 몇 명이나 되는지 알고 있는 사람은 찾아보기 힘들다. 이런 상황에서 지방의원들이 무슨 일을 하는지는 더욱 관심이 없다.

　지방의회에 대한 경시 풍조는 결과적으로 지방의원들의 위상과 수준을 떨어뜨리는 첩경이 되었다. 지방의회에 대한 중앙정당의 경시는 지방의원을 선출하는 과정에 해당 지역 국회의원을 비롯한 소수의 사람들에게 공천과 관련한 과도한 권한을 주고, 국회의원들은 지방의원들을 자

신의 심복이나 수하로 인식하는 경향을 낳았다. 그 결과 지방의원을 적
극적으로 키워 미래의 정치지도자로 양성하기보다는 해당 지역의 관리
인이나 선거 운동원으로서의 역할에 그치는 정도를 기대한다.

지방의회에 대한 주민들의 경시 또한 유능한 지역의 인재들이 지방
의회에 진출하는 데 최대의 걸림돌이 되고 있다. 지방의회가 자치단체장
의 권한을 견제하는 실질적인 기능을 갖지 못한 상황에서 지방의원들이
할 수 있는 역할은 해당 지역에서 자치단체를 상대로 민원을 해결하는
정도에 불과할 것이기 때문이다.

그 결과 지방의원들의 구성 현황을 보면 주민 대표성이 현저히 떨
어지고 있다. 우선 지방자치단체와 직접적인 이해관계를 가진 자영업자
나 지방 상공인들의 지방의회 진출이 눈에 띄는 현상이다. 이에 비해 전
문직 출신이나 사무직/생산직 노동자 등의 비율은 지극히 저조한 편이
다. 또 30대 이하 젊은 층이나 여성도 전체에서 차지하는 비율이 지극히
낮은 수준을 보이고 있다. 이에 따라 지방 토호세력의 부상이나 지방의
원들의 역량과 자질 부족, 단체장과의 사적 관계에 기초한 지방의원들의
종속적 관계 등 많은 문제점이 꾸준히 지적되어 왔다(안영훈 2007).

물론 최근 들어서 자영업자들의 비중이 줄고, 직업적인 정치인과 여
성의 참여가 늘고 있지만, 주민대표성이라는 측면에서 볼 때 특별히 개
선되었다고 보기 어려운 것이 현실이다. 주민대표성을 높이기 위해서라
도 지방의회의 구성이 보다 다양화될 필요성이 있고, 유능한 인재들이
지방의회에 진출할 수 있도록 지방의회의 위상과 권한을 강화하는 제도
적 대안이 필요한 실정이다.

II. 지방의원의 구성 실태와 문제점

지방의원들의 구성과 관련해서 직업과 연령, 성별, 학력 등 이들의 사회
경제적 배경을 토대로 살펴보겠다. 먼저 지난 1995년 제1회 전국동시선
거 이후 당선된 광역의원과 기초의원들의 직업을 중앙선거관리위원회
자료를 토대로 다음과 같이 9가지로 분류, 정리해 보았다.

표 1. 지방의원들의 직업별 분포현황(단위: %)

구분	광역의원										
	1995	1998	2002			2006			2010		
			지역	비례	전체	지역	비례	전체	지역	비례	전체
정치인	19.2	16.6	41.1 (22.0)	35.9	40.5	48.2 (22.4)	35.9	45.4	50.9 (20.7)	30.9	48.8
농/축/수산업	16.2	9.1	8.4	1.4	7.6	6.3	9.0	6.5	5.3	0.0	4.7
상/광/공업	19.5	15.9	11.7	5.5	11.0	6.4	5.1	6.1	4.3	7.4	4.6
운수/건설업	9.1	5.5	7.1	2.7	6.7	4.9	1.3	4.4	3.7	1.2	3.4
금융업	–	2.6	2.3	0.0	2.1	1.1	0.0	0.9	0.7	2.5	0.9
약/의사/변호사/정보통신업	3.5	3.9	3.1	5.5	3.4	1.7	9.0	2.4	1.0	2.5	1.2
교육/출판/종교인	5.8	1.5	2.8	1.4	2.6	2.6	15.4	3.8	3.1	4.9	3.3
회사/공무원	3.8	28.9	3.1	4.1	3.2	4.7	3.8	4.5	3.2	4.9	3.4
무직/기타	22.7	16.1	20.5	42.5	22.9	24.1	20.5	23.0	27.8	45.7	33.6

구분	기초의원										
	1995	1998	2002			2006			2010		
				지역	비례	전체	지역	비례	전체		
정치인	6.0	4.0	25.1 (21.9)	37.0 (24.8)	21.3	35.0	47.9 (29.3)	22.9	44.6		
농/축/수산업	24.2	21.6	21.9	12.0	4.8	11.0	9.7	5.3	9.1		
상/광/공업	25.0	19.1	15.6	11.8	5.1	10.9	6.8	5.9	6.6		
운수/건설업	8.7	7.6	7.3	6.6	1.6	6.0	3.7	0.8	3.3		
금융업	–	2.2	2.5	1.3	0.5	1.2	0.7	0.3	0.7		
약/의사/변호사/정보통신업	2.1	1.0	1.1	0.6	1.3	0.7	0.7	0.3	0.7		
교육/출판/종교인	0.6	0.5	0.8	1.3	6.1	1.9	1.1	3.7	1.4		
회사/공무원	4.3	25.7	3.8	4.5	2.4	4.2	3.1	2.9	3.0		
무직/기타	29.0	18.2	22.0	24.9	56.8	29.1	26.4	58.0	30.5		

출처: 중앙선관위 홈페이지(http://www.nec.go.kr)에서 재정리. 괄호는 지방의원 출신.

가장 먼저 눈에 띄는 점은 광역·기초 의원을 떠나 2002년 제3회 전국동시선거 이후 정치인의 비중이 확연히 증가한 점이다. 광역의원의 경우 정치인 출신이 1995년 19.2%에 머물렀지만 2010년 선거에서는 절반 가까운 48.8%로 급증했고, 기초의원은 1995년 6.0%에서 2010년에는 7배가 넘는 44.6%로 폭증했다.

다음은 농업/축업/수산업과 상업/광업/공업, 운수/건설업 등 지방의 자영업자나 상공인 출신이 큰 폭으로 줄고 있다. 세 부류의 직업군이 차지하는 비율을 살펴보면 광역의회에서는 1995년 44.8%에서 2010년에는 12.7%로 4분의 1 수준으로 감소했고, 기초의회에서는 1995년 57.9%에 달했으나 2010년에는 19.0%로 3분의 1 수준으로 떨어졌다.

이에 비해 약사/의사/변호사/정보통신업이나 금융/언론 등 전문직 종사자들과 일반 회사원/공무원의 비율은 여전히 낮은 편이다. 광역의회를 살펴보면 1995년 13.1%에서 2010년 8.8%로 줄었고, 기초의회에서는 1995년 7.0%에서 2010년 5.8%로 소폭 감소했다.

무직이나 기타는 광역의회에서는 1995년 22.7%에서 2010년 33.6%로 소폭 늘었고, 기초의회에서는 1995년 29.0%, 2010년 30.5%로 큰 변화를 보이지 않고 있다.

다음은 지방의원 중에서 여성의 비율이다. 여성의원은 광역의회와 기초의회 모두 그 비율이 폭발적으로 증가했다. 광역의원 중 여성비율은 1995년 1.4%에서 2010년 14.8%로 10배 이상 급증했고, 기초의원 중 여성비율은 1995년 1.6%에서 2010년 21.7%로 13배 이상 폭증했다. 하지만 지방의원 전체에서 여성이 차지하는 비율은 여전히 전체 인구에 비해 상당히 낮은 수준이다.

지방의원을 연령별로 살펴보면 40-50대가 전체의 80%에 이를 정도로 대부분을 차지하고 있다. 2010년 현재 40-50대의 비율은 광역의

표 2. 지방의원 여성 비율(단위: %)

구분	광역의원			기초의원		
	지역	비례	전체	지역	비례	전체
1995	1.4	-	1.4	1.6	-	1.6
1998	2.3	-	2.3	1.6	-	1.6
2002	2.3	67.1	9.2	2.2	-	2.2
2006	4.9	73.1	12.1	4.4	87.2	15.1
2010	8.1	71.6	14.8	10.9	93.6	21.7

출처: 중앙선관위 홈페이지(http://www.nec.go.kr)에서 재정리.

표 3. 지방의원 연령별 분포현황(단위: %)

구분		광역의원				기초의원			
		30대 이하	40대	50대	60대 이상	30대 이하	40대	50대	60대 이상
1995		14.2	33.2	42.0	10.6	12.0	34.0	43.4	10.5
1998		12.3	34.3	43.0	10.4	10.4	37.2	40.4	12.0
2002	지역	7.6	42.0	36.5	14.0				
	비례	13.7	31.5	38.4	16.4	6.6	38.7	39.8	14.9
	전체	8.2	40.9	36.7	14.2				
2006	지역	6.9	42.4	39.1	11.6	6.8	42.2	39.6	11.3
	비례	10.3	34.6	34.6	20.5	10.1	35.7	38.1	16.0
	전체	7.2	41.6	38.6	12.6	7.2	41.4	39.4	11.9
2010	지역	4.7	41.5	41.5	12.5	5.4	35.1	45.4	14.1
	비례	9.9	42.0	37.0	11.1	8.5	34.3	42.3	14.9
	전체	5.1	41.5	41.0	12.4	5.8	35.0	45.0	14.2

원이 82.5%, 기초의원이 80.0%에 달하고 있다. 이에 비해 30대 이하 젊은 층의 비율은 5%대에 그치고 있고, 60대 이상은 10%대 초반의 비율을 유지하고 있다. 30대 이하 젊은 층의 비율은 광역의원의 경우 1995년 14.2%에서 꾸준히 줄어 2010년에는 5.1%로 3분의 1 수준으로 떨어졌고, 기초의원도 1995년 12.0%에서 2010년 5.8%로 절반 수준으로 감소했다. 지방의회가 청년층의 정치적 의사를 제대로 반영할 수 없는 구조를 갖고 있는 것이다.

표 4. 지방의원 학력별 분포현황(단위: %)

구분	광역의원				기초의원			
	고졸 이하	대졸	대학원 졸업	미기재	고졸 이하	대졸	대학원 졸업	미기재
1995	38.4	52.2	9.4	0.0	69.0	23.2	7.8	0.0
1998	50.7	37.8	9.4	2.1	75.7	18.5	2.5	3.3
2002	38.6	42.4	17.3	1.8	67.3	24.8	4.8	3.0
2006	25.2	48.6	25.0	1.2	48.2	37.8	9.6	4.4
2010	16.4	51.6	29.6	1.1	34.6	49.4	12.5	3.5

지방의원의 학력별 분포를 보면 대졸 이상의 고학력자가 급증하고 있는 점이 눈에 띈다. 대졸 이상 고학력자는 광역의원의 경우 1995년 61.6%에서 2010년 81.2%로 증가했고, 기초의원도 1995년 31.0%에서 2010년 61.9%로 두 배 정도 늘었다. 대학원 졸업자들도 매년 큰 폭의 증가 추세를 보이고 있다.

요컨대 지방의회는 1995년 제1회 동시지방선거 이후 직업, 성, 연령, 학력 등의 사회경제적 배경에서 꾸준한 변화가 있었다. 중소 상공인들의 비율이 줄고 직업적인 정치인이 급증했다. 여성의 비율 역시 폭발적으로 증가했고, 고학력자들의 지방선거 참여도 증가했다. 반면 30대 이하 청년층은 상대적으로 비율이 줄어들었다.

최근 지방의회의 구성이 달라진 것은 몇 가지 제도적 개선에 기인한 것으로 보인다. 먼저 2006년 제4회 동시지방선거부터 지방의원에 대한 유급제가 실시되었다(최흥석·정재진 2006; 박명호·한기영 2011). 이에 따라 이미 유급제 논의가 시작된 2002년부터 정치인들의 비중이 확연히 증가한 반면, 자치단체와 직접적으로 이해관계가 얽힌 자영업자나 중소 상공인들의 비율이 줄어들기 시작했다(표 1 참고). 특히 정치인 출신 기초의원을 보면 2002년 지방의원 출신이 25.1% 중 21.9%로 거의 대부분을 차지한 반면, 2006년에는 37.0% 중 24.8%, 2010년에는 47.9% 중 29.3%만을 차지해 2006년 이후 새로운 정치인의 유입비율이 급증하고 있다. 이는 유급제 실시 이후 지방의원이 정치인들의 새로운 직업으로 자리 잡고 있음을 보여준다.

유급제의 실시는 지방의원 중 대졸 이상의 고학력자들과 40대 이상 연령층이 증가한 것에도 큰 영향을 미친 것으로 보인다. 유급제로 지방의원이 엄연히 새로운 직업으로 인식되었기 때문이다.

지방선거에서 정당 공천의 확대와 비례대표제의 실시 또한 큰 영향을 미쳤다(이상묵 2008). 무엇보다 여성 지방의원이 증가한 것은 비례대표제의 실시에 힘입은 바 크다(표 2 참고). 광역의회의 경우 2002년, 기초의회의 경우 2006년부터 실시한 비례대표제에 따라 각 당은 비례대표 후보의 50% 이상을 공천에 반영했고, 그 결과 비례대표로 당선된 여성 의원의 경우 광역에서 70%대, 기초의회에서 90% 안팎에 이르렀다. 지역구에서도 여성 공천을 30% 이상 하도록 권고하면서 지역구 여성 의원의 비율이 1995년 1%대에서 2010년에는 10% 안팎에 이를 정도로 증가했다.

30대 이하 청년층의 비율이 전반적으로 감소하고 있는 반면 비례대표에서는 30대 이하의 비율이 증가하고 있는 것도 눈에 띈다(표 3 참고). 광역의회와 기초의회를 막론하고 비례대표 의원 가운데 30대 이하 청년층의 비율은 지역구 의원의 1.5-2배에 이르고 있다. 40대 이상의 지역구 진출이 증가하면서 각 정당이 그나마 비례대표에서는 청년층에 대한 안배를 조금씩 하고 있는 셈이다.

최근 지방자치와 관련된 이와 같은 제도개선은 지방의회 구성의 다양화란 측면에서 일정한 성과를 거둔 것이 사실이다. 하지만 이러한 성과에도 불구하고 지방의회는 대표성 측면에서 여전히 많은 문제점을 내포하고 있다.

무엇보다 전문직 종사자들의 참여가 떨어지고 지방의원의 자질이 부족하다는 문제점이 꾸준히 제기되고 있다. 정치인 출신의 증가와 재선 의원의 비율이 높아지고, 고학력자가 증가하면서 전문성 측면에서 다소 개선되기도 했지만. 여전히 전문성과 자질의 문제는 최우선적인 해결 사안이다. 특히 정치인들의 지방의회 진출이 늘어나는 것은 긍정적인 효과 못지않게 부작용도 야기하고 있다. 지방의회가 유급제에 따른 보상을 노리는 정치권 주변 인사들의 또 다른 집합소로 전락할 우려가 제기되고 있는 것이다.

또 여성과 30대 이하 젊은 층의 비율도 여전히 낮다. 각 당에서 비례대표 후보를 선출하면서 이들을 다소 높게 반영하고 있지만, 비례대표의 비율 자체가 전체 지방의원의 10% 정도에 불과한 형편이어서 실질적인 개선효과가 적은 실정이다. 청년층의 비율은 각종 제도개선에도 불구하고 전반적으로는 오히려 줄어들고 있다.

III. 지방의회의 대표성 제고를 위한 제도개선 방안

지방의회 구성의 대표성이 떨어지는 것은 무엇보다 지방의회의 낮은 위상과 권한에서 비롯된다. 지방의회가 자치단체의 장식물 정도로 취급되는 현재의 상황에서 전문직 종사자들이나 중앙정치로 진출할 꿈을 가진 젊은 층 등 다양한 인재들이 적극적으로 참여할 가능성은 거의 없기 때문이다. 지방자치단체와 직접 이해관계가 맞물린 자영업자나 중소 상공인, 새로운 직업으로 지방의원을 선택한 정치인들의 비중이 여전히 높은 것은 이와 같은 맥락에서 해석할 수 있을 것이다.

2006년 유급제의 도입으로 지방의원들의 위상이 어느 정도 올라간 것은 사실이다. 또 이로 인해 지방의회에 고학력자를 비롯해 새로운 인물들이 많은 도전을 했다. 하지만 유급제는 지방의회 자체의 위상과 권한 제고와는 전혀 다른 조치이다. 단체장에 대한 감시와 견제라는 본질적 측면에서 지방의회의 기능 자체를 강화하는 보다 근본적인 개선책이 필요하다.

먼저 자치단체 기관구성형태의 변화가 필요하다. 우리나라 자치단체의 기관구성형태는 획일적인 강시장-약의회형으로 이루어져 있다. 오랜 권위주의 정부를 거치면서 의결기관보다 집행기관을 우선시하는 풍조가 우리 사회에 팽배한 가운데, 권한이나 조직, 인력, 정보 등 모든 면에서 단체장이 지방의회를 압도하는 현행 기관구성형태는 지방의회의 위상을 더욱 낮추는 결과를 낳고 있다.

지방의회의 위상을 강화하는 기관구성형태로는 이 책의 9장 '거버넌스의 다양화를 통한 지방자치의 활성화'에서 제시된 것처럼 각 지역의 특성에 맞게 선진국들의 다양한 사례를 참고할 수 있을 것이다. 프랑스식 기관통합형처럼 의회에서 자치단체의 장을 선출하는 방식을 택할 수도 있고, 영국이나 미국처럼 수석행정관 혹은 매니저 제도를 도입해 의회에서 임명하는 방식도 가능하다. 인구가 적은 농어촌 등지에서는 위원회 제도를 통해 소규모의 효율적인 통합형 자치단체를 운용하는 것도 방안이 될 수 있다.

어떤 형태를 선택하든 지방의회의 실질적인 위상이 강화되고 지방의회가 해당 지역의 정책결정에 우선권을 쥐게 될 경우, 지역 주민들이 지방의회를 바라보는 관점이 먼저 바뀔 것이다. 이는 곧 역량 있는 지방인재들을 지방의회로 불러들일 수 있는 계기를 마련할 수 있다는 점에서 지방의회의 대표성을 제고할 가능성이 그만큼 높아진다.

둘째, 지방의회의 위상을 제고하기 위해서는 지방정치의 활성화가 필요하다. 중앙이 아닌 해당 지역의 특성에 맞는 교육이나 주택, 환경,

교통, 의료 등 생활과 관련된 이슈를 놓고 각 정치세력 간의 경쟁이 활발하게 전개될 경우, 해당 지역 주민들의 삶의 질이 높아지고, 지방의회의 중요성 또한 높아질 것이다. 실제 외국에서도 경쟁이 낮은 곳보다 높은 지역의 지방정부가 지역의 사회복지 정책에 더 많은 투자를 하고 있다 (서현진 2003).

하지만 현재 우리나라 지방선거는 중앙정치의 대리전에 불과하다 보니, 지방선거에서의 이슈도 지역이 아닌 중앙의 문제가 주로 제기되고 있는 실정이다. 또 지역주의 정당체계로 말미암아 영호남 지역에서는 특정 정당의 독점적 구조가 유지되면서 지방정치가 사실상 고사되고 있다. 물론 최근 영호남 지역에서 무소속 후보의 당선이 많아지면서 다소 변화의 조짐이 나타나고 있지만, 아직까지 기존의 지역주의 정당체계를 뛰어넘을 수 있는 수준에는 미치지 못하고 있다(박명호 · 한기영 2011).

지방선거 차원에서라도 지역주의 정당체계를 뛰어넘어 지방정치를 활성화하기 위해서는 다양한 정치세력이 지방선거에 참여할 수 있도록 제도적 장치를 마련해야 한다. 특히 1990년대 이후 각 지역의 풀뿌리 조직으로 자리를 잡고 있는 시민단체들이 관련된 지역 이슈를 들고 참여할 경우 지방정치 활성화에 보다 큰 기여를 할 것으로 보인다(강경태 2009; 김혜정 2007). 이제는 시민사회단체가 단순히 감시와 견제의 기능에 멈추지 않고, 지지 후보를 밝히거나 이들에 대한 당선운동을 하는 등 적극적으로 개입해, 지방정치에 활력을 불어넣고 지역주의 정치체제를 혁파하는 것이 필요한 시점이다.

시민사회단체들을 비롯한 다양한 정치세력의 지방선거 참여를 위해서는 일차적으로 지방정당의 결성이 허용되어야 한다. 지방정당이란 "전국가적인 국민의사 형성과정에의 참여는 이차적인 목적에 지나지 않고, 주로 지역문제의 해결 내지 지역적 의사형성에 참여하는 것을 주목적으로 하는 정치적 결사체"(하세헌 2007: 27)를 말한다. 즉 특정 지역 이슈에 집중해 그 지역에서만 활동을 하고, 대통령선거나 국회의원선거보다 주로 지방선거에 참여하는 정당을 의미한다. 특정 지역에서 지방정당의 지지가 높아지면 국회의원선거 등 중앙선거에 참여해 세력을 확장하거나 중앙정당과 연대할 수도 있을 것이다.[1]

그런데 우리나라에서는 현재 지방정당 설립 자체가 불가능하다. 현행 정당법에 따르면 정당으로 등록하기 위해서는 중앙당을 서울에 두어야 하고(제3조), 5개 이상의 시도에서 시 · 도당을 가져야 하며(제17조), 각 시 · 도당은 해당 지역에서 1천 명 이상의 당원을 각각 확보해야 한다(제18조). 오로지 중앙정당만을 정당으로 인정하도록 규정한 것이다. 다시 말해 중앙정당만이 공직 후보를 추천하고 그들을 위한 선거운동을 할 수 있도록 한 것이다.

또 시민단체들의 공직선거 참여에 대해서도 까다롭게 제한하고 있다. 현행 비영리민간단체 지원법에 따르면 정부에 등록된 시민단체들은 특정 정당의 후보에 대한 지지는 물론 독자적인 후보를 내서 이들을 지원하기도 어렵게 되어 있다. 공직선거법에도 정당과 일정한 수 이상의 유권자만 후보자를 추천하도록 규정되어 있다. 이에 따라 투표용지에도 소속 정당과 무소속만 표기될 뿐, 시민사회단체에 의해 추천을 받은 사실은 명기되지 못한다. 사실상 기존 정당을 제외한 다른 정치세력의 활동을 위한 공간이 지극히 좁은 것이다.

이에 비해 일본의 경우 정당설립 요건을 특별히 법률로 규정하고 있지 않아 시민단체들이 자유롭게 지방정당임을 표방하며 각종 공직에 자

---

[1] 송건섭(2013)이 대구 · 경북 · 광주 · 부산 등 4개 지역의 지방정치에 대한 주민 의견조사를 실시한 결과, 영호남 지역에서도 지방정치 활성화를 위해 지방정당요인이 대단히 중요한 의미를 가질 것으로 판단하는 것으로 나타났다.

유롭게 후보를 공천하고 선거운동을 하고 있다. 생활협동조합을 모체로 해 설립된 각 지역의 〈생활자 네트워크〉와 〈무지개와 초록의 500인 리스트〉 등 다양한 시민단체들이 생활정치를 내세우며 지방선거에 조직적으로 참여하고 있다(김유향 2003; 이호 2003). 또 일본에서는 오사카와 나고야 등지에서 지방의 유력정치인이 주도해 지방정당을 설립함으로써 중앙정당을 제치고 단체장과 지방의회를 석권하는 등 활발한 활동을 전개하고 있다(하세헌 2011; 하세헌·강명구 2012; 한의석 2012 등).

독일도 정당의 설립에 대한 제한 요건이 대단히 간단하게 되어 있다. 연방의회나 주의회 선거에 6년 동안 참여하지 않은 경우를 제외하면 사실상 독일인이 만든 어느 단체나 정당을 표방하며 공직선거에 참여할 수 있다(하세헌 2007). 이에 따라 기독교사회연합(Christlich-Soziale Union: CSU)이나 바이에른당(Die Bayernpartei)과 같은 지방정당이 일찌감치 구성되어 해당 지역을 주요한 무대로 활동하고 있다. 이들은 때로는 해당 지역의 틀을 넘어 중앙정당과 연대하여 중앙정부의 연정에 참여하기도 하는 등 큰 영향력을 행사하고 있다.

셋째, 지방의회의 대표성을 살리려면 정당 공천의 장점을 최대한 활용할 수 있도록 해야 한다. 광역의회와 기초의회 모두에서 정당명부식 비례대표제가 실시되면서 여성 의원과 30대 이하 청년층에게 비교적 많은 배려가 이루어지고 있음은 이미 살펴본 바와 같다. 비례대표제는 자영업자나 지방 상공인들의 비율을 줄여 지방의회의 직업별 대표성을 제고하는 데도 기여를 했다. 그런데 문제는 비례대표의 비율이 너무 낮다는 점이다.

2010년 광역의회의 지역구 의원은 680명, 비례대표 의원은 81명으로, 비례대표 의원의 비율이 전체 지방의원의 10.6%, 기초의원의 지역구 의원은 2,512명, 비례대표 의원은 376명으로, 비례대표 비율이 전체의 13.0%에 불과하다. 서울과 경기도와 같은 대도시를 제외하고 선거구별로 따져보면 광역의원 비례대표는 보통 3~4명, 기초의원 비례대표는 보통 1~2명을 선출하고 있다. 이와 같은 비율로는 비례대표의 긍정적인 기능을 충분히 살리기 어렵다. 따라서 비례대표의 비율을 대폭 확대하는 것이 필요하다.

비례대표의 비율 확대를 위해서는 여러 가지 방안을 검토할 수 있다. 먼저 비례대표제를 전면적으로 도입하는 것이다. 광역의회와 기초의회를 분리해서 전면 비례대표제를 실시할 수도 있지만, 가장 효과적인 방법은 기초의원을 전면 비례대표로 뽑고, 광역의원을 선출된 기초의원 중에서 다시 간선으로 뽑는 것이다.

다음은 광역의회와 기초의회 둘 중 하나만을 전면적인 비례대표로 선출하고, 나머지 하나는 지역구와 비례대표를 50:50으로 선출하는 방식이다. 이 경우 지역구를 일부 남김으로써 지역 주민과의 접촉성 강화라는 명분을 살릴 수 있을 것이다. 이 방식에서도 기초의회와 광역의회의 비례대표를 별도로 뽑을 수도 있지만, 하나로 묶어서 선출한 뒤 광역의원 비례대표를 간선으로 뽑을 수 있을 것이다.

광역의회와 기초의회 모두 지역구와 비례대표를 50:50으로 선출하는 방식도 검토해볼 수 있다. 비례대표의 비율을 늘리는 데 가장 소극적인 방안이다.

비례대표의 비율을 확대할 경우 지방의회의 대표성 강화뿐만 아니라 지역주의 정당체계에 따른 특정 정당의 영호남 독점 현상 역시 상당히 완화될 것으로 기대된다. 실제 2006년 광역의회 선거 결과를 놓고 정당명부식 비례대표제를 100% 적용해 분석한 결과, 제1당의 의석점유율이 가장 높은 전남은 90.2%에서 58.8%, 경남은 88.7%에서 63.0%까지 떨어지는 등 현저한 변화가 나타났다(김용복 2009: 54-56).

넷째, 현행 지방자치제도 내에서도 지방의회의 위상을 강화하기 위해서는 지방의회의 권한을 몇 가지 강화할 필요가 있다(김영일 2007; 문상덕 2012; 조순제 2012; 최근열 2011). 먼저 조례제정권을 실질화해야한다. 현행 법률에 따르면 "지방의회가 주민의 권리 제한 또는 의무 부과에 관한 사항이나 벌칙을 정할 때에는 법률의 위임이 있어야 한다"(지방자치법 제22조 단서규정)고 되어 있다. 그런데 조례는 대부분 규제나 벌칙을 정하는 것이 목적이기 때문에 이 단서규정에 의해 지방의회의 조례제정 기능이 사실상 무력화되고 있다. 지나친 규제조항으로서 이 단서조항을 폐지해야 한다.

다음으로 단체장의 인사권에 대한 견제 수단으로서 인사청문회 제도를 도입하고 인사위원회 위원 위촉 시 의회의 동의를 받도록 하는 것이다. 자치단체에서 적어도 부단체장과 지방공기업 사장을 임명할 경우 반드시 인사청문회를 통해 지방의회의 동의를 구하도록 해야 한다. 또 단체장이 지방공무원 인사를 담당하는 인사위원들을 임명할 때 의회가 사전 검증할 수 있도록 해야 한다. 이는 단체장의 부당한 인사권 남용을 막고 투명한 인사를 확보함으로써 자치단체의 기능을 활성화할 수 있는 제도적 장치가 될 것이다.

이 밖에도 지방의회 사무국에 대한 인사권을 단체장으로부터 지방의회 의장에게 돌려주고, 전문위원의 기능을 실질화해서 지방의원을 보좌할 수 있도록 하며, 자치단체에 대한 행정감사 및 조사권을 지방의회에 주는 등 지방의회의 위상을 강화하는 추가적인 조치들에 대한 긍정적인 검토가 필요하다.

IV. 나가면서

지방자치제도가 부활한 지 벌써 20년이 되었다. 그럼에도 불구하고 지방의회는 아직 제대로 평가를 받지 못하고 있는 것이 우리 현실이다. 그 결과는 지방의회에 대한 경시와 지방 인재들의 지방선거 불참, 지방의원의 자질과 역량 약화, 지방의회에 대한 경시라는 악순환으로 나타나고 있다. 우리 사회 일각에서 지방의회 무용론까지 나오는 배경일 것이다.

그렇다고 지방의회 폐지를 주장하는 것은 빈대 잡기 위해 초가삼간 태우는 격일 것이다. 지방의회는 지방자치를 실현하기 위한 가장 중요한 기관이자, 민주주의를 실천하기 위한 가장 기초적인 교육의 장이다. 당장 지방의회를 없앰으로써 효율성을 찾기는 쉽겠지만, 지방의회를 개선함으로써 실질적인 민주주의를 추구하는 것이 장기적으로 사회발전을 위해 더 지혜로운 방법이 될 것이다.

사실 현재 지방의회와 관련되어 제기되는 문제점은 지방의회의 위상과 권한이 과도하게 낮은 데서 기인한다. 따라서 이 문제를 해결함으로써 다양한 계층의 지방선거 참여를 늘리고 지방자치의 수준을 제고하는 것이 필요하다.

이 글은 이 문제의 해결책으로 먼저 현행 강시장-약의회의 기관구성 형태를 의회의 권한을 강화하는 방향으로 다양화할 필요성을 제기하고 있다. 유급제를 비롯해 지방의회의 위상을 강화하기 위한 개선책도 있었지만, 이는 미봉책에 불과하다는 사실이 경험적으로 입증되었다. 따라서 가장 문제가 되는 곳을 직접적으로 공략하는 것이 가장 빠른 해결책일 것이다.

둘째, 지역 시민단체가 적극적으로 지방선거에 참여할 수 있도록 하고, 특정 지역을 주무대로 활동하는 지방정당을 허용해, 지방정치를 실질적으로 활성화할 필요가 있다. 지역 수준에서의 경쟁이 활성화될 경우 지방의회의 위상은 자연스럽게 높아지고, 현재와 같이 특정 지역을 특정 정당이 독점하는 지역주의의 문제점도 일정하게 해결될 수 있을 것이다.

셋째, 지방의회 선거에 비례대표제를 전면적으로 확대할 필요성이 있다. 이는 정당공천제의 장점을 극대화하기 위한 것으로, 주민의 투표 결과를 가장 정직하게 반영하는 방법일 뿐만 아니라 다양한 계층의 대표성을 확보하기 위한 최선의 방법이다.

넷째, 인사청문회 실시 등 단체장의 인사권 남용을 막을 효과적인 제도적 방안을 마련하고 지방의회의 조례제정권을 실질화하는 등의 권한 강화 방안도 현실적으로 시급한 과제이다.

지금 지방의회는 그야말로 떠나가는 인재들을 불러들여야 할 중요한 시점이다. 지방의회의 위상 강화 없이 다양한 계층의 참여를 유도할 수는 없다. 중앙 정계 진출을 노리는 젊은 층이 들어오고, 고위 공직자나 전문직 종사자들이 퇴직 후 고향에서 활동을 재개하는 등 다양한 부류의 사람들이 참여하도록 길을 열어주어야 한다.

교육감 직선제: 민주적 대표성 강화를 중심으로

최준영

I. 들어가며

현재 우리가 살아가고 있는 21세기의 사회는 과거에는 상상할 수 없을 정도로 여러 분야로 다양화되고 분화되어 가고 있다. 그리고 그와 같은 추세는 건잡을 수 없이 빠른 속도로 일어나고 있다. 이러한 21세기에 적합한 자주적이고 창의적인 인재를 길러내기 위해서는 과거의 획일적이고 중앙집중적인 교육만으로는 한계가 있다. 우리가 21세기에도 경쟁력을 지니기 위해서는 다양하고 독특한 교육정책의 개발과 시행을 통해 세분화되어 가고 있는 사회 각 분야에 적합한 인재를 길러내야 할 필요가 있다.

지방교육자치제도는 이와 같은 거대한 시대적 흐름과 필요성에 가장 잘 부합하는 제도라 판단된다. 지방교육자치제도는 일정한 지역을 단위로 하여 그 지역 주민들의 교육에 대한 선호를 그들이 선출한 기관을 통하여 교육정책에 반영하여 자율적으로 집행하게 할 수 있는 제도를 의미한다(김철수 2009; 김철우 2012). 지역과 학교에 따라 교육의 내용과 방법이 자율적이고 독립적으로 결정될 수 있기 때문에 다양하고 차별적인 교육이 가능하고, 따라서 21세기 사회가 요구하는 다양한 능력과 자질, 창의성을 갖춘 인재를 길러낼 여지가 높은 제도이다.

이러한 지방교육자치제도에서 핵심적이고 중추적인 역할을 담당하고 있는 인물은 바로 교육감이다. 지방자치법에 의하면 교육감은 시·도의 교육, 과학 및 체육에 관한 사무를 전담하는 존재로서 이 분야에서 독립적인 권한을 행사할 수 있다. 지방교육자치법 제20조에는 교육감이 수행하는 17가지의 사무가 열거되어 있는데, 조례안·예산안·결산서의 작성, 교육규칙의 제정, 학교 설치 등 교육과정 운영, 평생교육, 소속 공무원 인사관리 등 교육과 학예 전반에 걸쳐 많은 업무를 수행할 수 있다. 특히 조례안이나 예산결산안의 작성과 제출을 주도한다는 점에서 교육감은 지방교육자치의 입법권과 재정권을 자신의 손에 쥐고 있는 존재라 평할 수 있다(고 전 2014).

우리나라에서 교육감 선출방식은 여러 변화를 거쳐 왔다. 초기에 교육감은 교육위원들 중에서 교황 선출방식을 통해 선출되었으나, 이후 학교운영위원회와 교원단체가 중심이 된 선거인단을 통해, 그 이후에는 학교운영위원회 중심의 선거인단을 통해 간접적인 방식으로 선출되어 왔다. 그러나 이와 같은 간선제는 심각한 문제점이 존재하였다(김용철 2008; 김철우 2012; 윤성현 2012). 우선 주민에 의해 직접 선출되는 방식이 아니었기 때문에 민주적 대표성 수준이 매우 낮다는 비판이 존재하였다. 또한 교육감 후보자를 사전에 제대로 검증하기도 어려웠으며, 따라서 능력보다는 학연 및 지연 등과 같은 요인에 의해 교육감으로 선정되는 경우가 자주 발생하였다. 더구나 선거인단을 돈으로 매수하는 일도 자주 목격되었다. 그리고 학교운영위원회가 교육감 선출의 주체로 결정된 이후에는 학교운영위원회 위원의 선출과정 자체가 정치화되는 폐단도 발생하였다. 이와 같은 간선제가 지니고 있는 문제점들은 지역 주민이 직접 교육감을 선출하는 직선제가 도입되는 중요한 계기가 되었다.

한편 교육감 직선제는 교육계에 종사하는 많은 사람들의 바람을 중앙정부가 받아들인 결과이기도 했다. 그렇지만 교육계 내 보수진영과 진보진영은 서로 다른 이유에서 직선제를 원했다고 알려져 있다. 보수진영에 속해 있는 사람들은 교육자치를 강화시켜야 한다는 이유로, 그리고 진보진영에 속해 있는 사람들은 학교장의 학교운영위원회에 대한 막강한 영향력 때문에 진보성향의 교육감이 선출되기 어렵다는 이유로 교육감 직선제를 요구했었기 때문이다(윤성현 2012). 결국 간선제가 지니고 있었던 위와 같은 문제점들과 교육계의 강력한 요구는 2006년 12월 교육감 직선제가 도입되는 결정적인 원인이 되었다.

이와 같은 교육감 직선제는 시행된 지 이제 8년차로 접어들고 있다. 그러나 교육감 직선제 자체에 대한 논란은 아직까지도 종식되지 못한 상황이다. 교육감 직선제에 대한 찬반론이 격렬하게 전개되고 있으며, 직선제를 대신할 대안에 대한 논의도 활발하게 이루어지고 있는 형편이다. 이 글은 이와 같은 논란에 휩싸여 있는 교육감 직선제를 평가하고 개선안을 탐색하는 것을 주된 목적으로 한다. 이를 위해 교육감 직선제가 지니고 있는 장점과 단점에 대한 분석이 시도될 것이며, 이 제도가 지니고 있는 단점을 보완하기 위한 여러 가지 대안들을 살펴볼 것이다. 지방교육자치제도에서 교육감이 지니고 있는 막중한 비중을 고려할 때 이와 같은 시도는 지방교육자치제도 자체의 개선을 위한 노력의 일환으로 평가될 수 있을 것이다.

II. 교육감 직선제: 장점과 단점

현재 8년째 시행되어 오고 있는 교육감 직선제는 다음과 같은 두 가지 점에서 긍정적인 결과를 가져온 것으로 보인다. 첫째, 교육감 직선제는 지방교육의 자주성과 독립성이 활성화되는 환경을 창출함으로써 교육의 측면에서 지방분권이 강화되는 결과를 가져왔다. 시·도의 주민들이 직접 교육감을 선출한다는 사실은 교육감이 행사할 수 있는 모든 권한이 주민들로부터 직접 주어지게 되었다는 것을 의미한다. 이는 교육감이 중앙정부나 지방정부의 영향력하에 귀속되지 않고 자율적이고 자주적으로 활동할 수 있는 근거를 마련해 주었다.

지방교육의 자주성과 독립성이 강화되었다는 사실은 최근 무상급식, 학생인권조례, 교원평가제 등과 같은 여러 가지 현안을 둘러싸고 교과부의 상명하달식 요구에 교육감이 저항하고 있는 사례가 자주 나타나고 있다는 점에서 확인할 수 있다. 그러므로 그간 중앙에서 지방으로 수직적-하향식으로 이루어져 왔던 교육정책은 과거와 같은 실효성을 확보하기 어렵게 되었다고 할 수 있다. 또한 교육예산의 집행을 둘러싸고 시도지사/지방의회와 교육감 사이에 갈등이 발생하고 있는 경우도 자주 목격할 수 있는데, 이는 지방정치 차원에서도 교육의 자치가 더욱 강화되었다는 것으로 해석될 수 있다.

둘째, 교육감 직선제는 지역의 특색을 살린 교육정책을 개발하기 위한 교육감 차원의 인센티브를 강화시켰다. 다음 선거에 다시 출마하여 당선되고자 하는 교육감은 지방교육의 측면에서 많은 주민들의 지지를 받는 가시적 성과를 만들어낼 필요가 있다. 그렇지 않은 경우 다음 선거에서 승리할 가능성이 떨어지기 때문이다. 실제로 현직 교육감의 업무수행 능력에 대한 주민들의 평가가 교육감에 대한 투표결정에 많은 영향을 미친다는 경험적 연구결과도 존재한다(조진만·윤상진 2012). 이처럼 교육감은 다음 선거에서 자신의 업적을 검증받아야 하기 때문에 새롭고 창의적인 그리고 지역의 특색을 살린 교육정책을 개발하기 위한 노력에 매진할 가능성이 높아질 수밖에 없다.

혁신학교 제도의 도입과 확산은 교육정책 개발에 대한 교육감의 인센티브가 강화되어 구체적으로 발현된 하나의 좋은 사례가 된다. 혁신학교는 진보성향의 김상곤 경기도 교육감과 곽노현 서울시 교육감에 의해 본격적으로 추진되었다. 혁신학교는 기존의 학교 중에서 교과과정을 특성화시킨 학교를 선발하여 시도교육청이 지원금을 제공하고, 학력과 인성을 조화롭게 발달시키는 전인적 교육을 구현하는 것을 목표로 하고 있다(조금주 2012). 혁신학교는 또한 교원, 학부모, 학생, 지역사회의 적극적인 참여를 교육과정에 끌어들여 지방교육의 민주성을 고양시키고자 하는 특징을 보인다. 경기도에서 시작된 이러한 교육정책은 학부모와 지역사회의 많은 공감을 불러일으켰고, 여러 지역으로 확산되어 왔다. 이와 같이 독특하고 개성적인 교육정책의 실현은 이를 개발하기 위한 교육감의 노력이 없었다면 이루어지기 어려웠을 것이다. 그리고 그러한 교육감의 노력은 직선제를 통해 형성된 인센티브 구조의 강화가 큰 영향을 미쳤다고 할 수 있다.

결국 교육감 직선제는 교육의 지방분권 강화와 지역특색에 맞는 다양한 교육정책의 개발을 유도하는 인센티브의 강화라는 측면에서 장점을 지닌다고 판단된다. 그러나 교육감 직선제는 장점만 존재하는 것이 아니다. 직선제는 다음과 같은 부정적인 효과 또한 만들어 내었다.

첫째, 교육감 직선제는 교육의 정치적 중립성을 유지하기 어려운 환경을 창출하였다. 대한민국 헌법 제31조 제4항에 따르면 "교육의 자주성, 전문성, 정치적 중립성 및 대학의 자율성은 법률이 정하는 바에 의하여 보장된다"는 점을 분명히 하고 있다. 그리고 이러한 헌법 조항은 지방교육자치제의 근간이 되고 있다는 것이 교육학계 및 헌법학계의 통설로 받아들여지고 있다(고 전 2014). 물론 교육감 선거에서 정치의 개입, 특히 정당의 개입을 차단하기 위해 여러 가지 방편들이 마련되어 시행되어 오고는 있다.[1] 그러나 선거 자체가 정치성을 띨 수밖에 없다는 점을 고려한다면, 주민이 직접 교육감을 선출하는 선거과정에서 정치의 개입을 완전히 차단하는 것은 현실적으로 매우 어려운 일이라 할 수 있다.

교육감 선거에 출마한 후보들은 정당과의 연계성을 밝힐 수 없는 상황에서 자신의 이념적 성향을 강조하는 선거캠페인을 진행하여 왔다. 2000년대 이후 한국의 선거에서 지역주의의 영향력은 지속적으로 약화되어 온 반면, 상대적으로 이념의 영향력은 강화되어 왔다(최준영·조진만 2005). 민주화 초기에 각 정당들은 단순히 지역의 이해관계를 대변하는 지역정당 수준에 머물러 있었으나, 이제는 이념의 영향력이 한국 사회 전반으로 확산되면서 각 정당은 보수/진보의 이념적 색채를 과거보다 더욱 뚜렷하게 부각시키고 있다. 결국 교육감 후보들이 자신의 이념적 성향을 밝힌다는 것은 스스로가 어떤 정당에 가까운가를 밝히는 형국이 된다고 할 수 있는 것이다.[2] 그러므로 정당공천제가 공식적으로 금지

---

1   교육감 선거에서는 정치적 중립성을 고려하여 다음과 같은 법적 규제를 시행해 오고 있다(조진만·윤상진 2012). 첫째, 교육감은 정당의 공천을 받을 수 없기에 모두 무소속으로 출마해야만 한다. 둘째, 정당의 대표자, 간부, 유급 사무직원, 당원뿐만 아니라 공직선거법상 정치활동이 가능한 국회의원, 지방의원, 국회의원 보좌관과 비서관, 국회교섭단체 정책연구위원, 공무원 등도 교육감 선거에 관여할 수 없다. 셋째, 교육감 후보자가 특정 정당에 대한 지지나 반대를 표방하는 것도 그리고 특정 정당으로부터 지지와 추천을 받았다는 것을 나타내는 것도 금지한다. 넷째, 국회의원과 지방의회 의원의 사무소 및 국회의원 후원회 사무소에 교육감 (예비)후보자의 선거사무소나 선거연락소를 설치할 수 없다. 다섯째, 교육감 선거에는 공직선거법상 허용되는 당원경력 표시도 하지 못하도록 되어 있다. 여섯째, 교육감 후보들의 투표용지 게재순위는 추첨으로 결정하여 정당과의 연관성을 최대한 차단하도록 한다.

되어 있다고는 하나 실제로는 여전히 정당의 영향력이 교육감 선거과정
에 강하게 작용하고 있고 따라서 정치의 개입 또한 발생하고 있다고 할
수 있다.

교육감 직선제는 또 다른 측면에서도 교육의 정치적 중립성을 확보
하기 어렵게 만든다. 흔히들 교육은 백년지대계라고 한다. 그만큼 교육
은 일관적이고 지속적인 그러면서도 장기적인 관점에서 정책의 추진이
요구되는 분야이다.[3] 그러나 전직 교육감과 정치적 · 이념적 성향이 다른
교육감이 선거에서 승리할 경우 전직 교육감이 만들어 놓은 교육정책을
폐지하고 새로운 정책을 실시할 가능성이 높아질 수 있다. 이런 경우 정
치적인 이유 때문에 비교적 짧은 기간 동안에도 교육정책 자체가 갈지자
행보를 띠며 혼란한 상황을 연출할 수 있다는 점에서 부정적이다.[4]

이와 같이 교육감 직선제는 정치적 개입을 유발한다는 점에서 단점

---

2   그렇다면 왜 교육감 후보들은 자신의 이념을 강조하는 선거캠페인을 진행하는 것일까? 후
술하겠지만 교육감 선거에 대한 일반 주민들의 관심이 높지 않은 상황에서 자신과 자신의
공약을 알리기 위한 방법이 마땅치 않기 때문이다. 정당이 교육감 후보를 공천할 수 있다면
유권자들은 교육감 후보와 그들의 공약에 대해 자세히 살펴보지 않더라도 정당이라는 브
랜드네임을 가지고 투표결정을 할 수 있을 것이다. 그러나 이러한 정당공천 자체가 금지되
어 있는 상황에서 교육감 후보들은 이념성향을 밝힘으로써 자신의 정당성향에 대한 정보
를 유권자들에게 은밀히 제공하고자 하는 것이다. 이 경우 후보들의 이념성향이 유권자의
투표행태에 영향을 미치는 정보의 지름길(information shortcut)의 역할을 하고 있다고
할 수 있다(이소영 2009; Lau and Redlawsk 1997; Lupia and McCubbins 1998).
3   정치적 중립성과 관련 없는 사안이기는 하지만 교육감 직선제는 장기적인 차원에서 교육
정책을 수립하고 집행하기 어려운 환경을 만들었다는 점에서 문제가 있을 수 있다. 재선을
노리는 현직 교육감의 입장에서는 다음 선거까지 어떤 가시적인 결과를 만들어야만 한다
는 압박에 시달릴 수 있고, 이러한 압박은 장기적이기보다는 단기적인 교육정책에 초점을
맞추는 행태로 이어질 수 있다.
4   임기 중에 물러난 곽노현 전 서울시 교육감을 대신해서 서울시 교육감이 된 문용린 교육감
은 곽노현 교육감과는 달리 보수적 성향을 지니고 있는 인물이다. 문용린 교육감은 곽노현
전 교육감의 핵심정책이었던 혁신학교에 대해 부정적인 의견을 지속적으로 피력하여 왔으
며, 2014년 4월 27개 서울시 혁신학교에 대한 재지정을 하지 않겠다고 발표하여 단계적으
로 혁신학교를 폐지하겠다는 뜻을 밝혔다.

표 1. 교육감선거 투표율

선거일	지역	투표율(%)
2007. 2. 14.	부산광역시	15.3
2007. 12. 19.	충청북도	61.3
	제주도	60.9
	경상남도	64.1
	울산광역시	64.6
2008. 6. 25.	충청남도	17.2
2008. 7. 23.	전라북도	21.0
2008. 7. 30.	서울특별시	15.5
2008. 12. 17.	대전광역시	15.3
2009. 4. 8.	경기도	12.3
2009. 4. 29.	충청남도	17.6
2009. 4. 29.	경상북도	24.3

출처: 조진만·윤상진(2012), 207쪽.

이 존재한다고 평가할 수 있다. 그러나 교육감 직선제는 민주적 대표성의 측면에서도 많은 문제점을 안고 있다. 우선 교육감 선거에 대한 일반 시민들의 관심이 높지 않아 매우 낮은 투표율을 보인다는 점이 지적될 수 있다. 표 1은 2010년 이전까지의 교육감 선거 투표율을 정리한 것이다.

2006년 12월 관련법 개정을 통해 교육감 직선제가 결정된 이후 처음 실시되었던 선거는 2007년 2월 부산시 교육감 선거였다. 단독으로 진행된 이 선거에서 투표율은 단지 15.3%를 기록하였다. 마찬가지로 2008년과 2009년에 단독으로 치러진 교육감 선거도 표 1에서 확인할 수 있는 것처럼 낮은 투표율을 나타냈다. 2007년 12월 19일 대통령 선거와 동시에 치러진 교육감 선거는 60%대의 투표율을 나타내 높은 투표율을 보이기는 했으나, 대통령 선거에서 승리한 이명박 후보의 기호와 같은 기호에 게재된 후보들이 모두 당선되는 일이 벌어졌다(고 전 2014). 왜냐하면 유권자들이 교육감 후보가 누구인지 잘 모르는 상태에서 자신이 선택한 대통령 후보와 같은 기호를 가지고 있는 후보를 선택했기 때문이다. 2010년에는 제5회 지방선거와 동시에 치러졌기 때문에 낮은 투표율의 문제는 극복할 수 있었으나, 투표용지의 앞 순서에 명기된 후보들이 대거 당선됨으로써 로또선거라는 비판을 받기도 하였다(고 전 2014). 민주주의에서 대표성은 선거 결과가 유권자 대다수의 의사를 반영하고 있을 때 확보될 수 있다. 그러나 이와 같이 투표율 자체가 낮고 투표를 하는 경우에도 교육감 후보가 누구인지 제대로 인지도 못한 상태에서 투표가 이루어진다면 교육감의 민주적 대표성 수준은 매우 낮아지게 된다. 더구나 당선자의 득표율도 과반을 넘는 경우가 많지 않기 때문에 교육감의 민주적 대표성 수준은 더욱 낮아질 수밖에 없는 형편이다.

이상에서 논의한 바를 다시 요약하자면 교육감 직선제는 교육의 지방분권 강화와 지역특색에 맞는 다양한 교육정책의 개발을 유도하는 인센티브의 강화라는 측면에서 장점을 가지고 있으나, 정치적 중립성의 약화와 민주적 대표성 수준의 저하라는 점에서 단점을 보이고 있다고 정리할 수 있다. 그렇다면 지방교육자치제를 지금보다 더욱 발전시키기 위해서는 교육감 직선제에서 확인된 단점이 어떤 형태로든 보완될 필요가 있다고 판단된다.

III. 교육의 정치적 중립성은 가능한가?

김철우(2012)는 교육의 정치적 중립성에 대해 다음과 같이 정리하고 있다.

정치적 중립성은 특정 정파적 이해관계나 영향력으로부터 벗어나 중립적

인 입장에서 이루어져야 한다는 것으로 일반적으로 교육이 국가나 정치
권력으로부터 부당하게 간섭을 받아서는 안 되고(정치의 교육적 중립), 교
육이 그 본연의 기능을 벗어나서 정치영역에 개입해서도 안 된다는 것(교
육의 정치적 중립)을 뜻한다.

필자는 교육의 측면에서 정치적 중립이 현실 속에서 가능할 수 있
을 것이라는 점에는 매우 회의적이다. 이렇게 생각하는 이유는 교육에
서 정치의 중립성이라는 개념이 매우 모호하기 때문이다. 독재체제의 전
체주의적 교육처럼 독재자의 권력 유지를 위해 교육이 악용되는 것과 같
은 상황에서는 정치적 중립성이 명확히 위반되었다는 점을 쉽게 이해할
수 있다. 그러나 이미 민주화된 다원주의 사회에서 정치와 교육은 정치
과정 속에서 매우 긴밀히 연계되어 있어 어디까지가 정치이고 어디까지
가 교육인지 구분하기 힘든 경우가 자주 발생한다. 예를 들어 한국교총
이나 전교조의 로비활동을 통해 이들이 선호하는 교육정책이 정부의 정
책으로 받아들여졌다면, 이는 교육의 정치적 중립성이 무너진 사례인가
아닌가? 한국교총이나 전교조가 올바른 교육을 지향하는 전문적인 교육
단체라고 생각하는 경우 이들의 전문성이 정부교육정책에 반영되었다고
해서 정치적 중립성이 위반되었다고 평가하기는 어려울 수 있다. 그러나
이들이 정부정책에 영향을 미치려는 이익집단이라 생각된다면 특정 정
치세력에 의해 교육의 정치적 중립성이 와해되었다고 완전히 상반된 평
가를 할 수도 있다. 이들 집단에 대한 평가는 사람들마다 다를 수 있으
며, 그렇기에 이들의 행위가 정치적 중립성을 위반했는지에 대한 평가도
사람들마다 다를 수 있다.

또 다른 예로 교육감의 이념이 그의 교육정책에 영향을 미치고 있는
현실을 들어 보자. 전술한 대로 한국에서 이념은 정당과 밀접한 연관성

을 지니고 있다고 할 때, 교육감의 이념에 입각한 교육정책은 정치적 중립성이 무시된 채 특정 정치세력(정당)의 이해와 연계되어 수립된 것으로 파악될 수 있을 것이다. 그러나 교육감의 이념이 그의 교육철학과 신념을 형성하고 그의 교육철학과 신념은 구체적인 교육정책으로 이어진다고 할 때, 그가 지니고 있는 이념은 순수하게 교육적 의미를 가진다고 정반대로 해석할 수도 있다. 예를 들어 말하자면 보수주의자의 눈에 곽노현 전 교육감의 혁신학교 정책은 진보세력의 정파적 이해관계가 반영된 것으로 보일 수 있으나 진보주의자들의 눈에는 곽 전 교육감의 교육철학이 반영된, 따라서 정치적 성격이 배제된 것으로 보일 수도 있는 것이다.

이처럼 현대 민주주의 사회에서 교육의 정치적 중립성은 매우 모호한 성격을 지니고 있으며, 결과적으로 모든 사람들이 동의할 수 있는 개념을 정립하는 것도 힘들다고 판단된다. 그렇다면 교육에서 정치적 중립성에 대한 기준을 명확히 하여 교육감 직선제의 문제를 해결하는 방식은 현실성이 떨어진다고 생각된다. 그보다는 민주적 대표성을 강화시키는 것이 보다 현실적인 해결방안이 된다고 본다. 다수의 국민이 원하는 것을 정책으로 만들어 집행하는 것이 민주주의의 본질이라 할 때, 교육감이 민주적 대표성을 확보한 뒤 추진하는 교육정책은 그 자체로 민주적 정당성을 확보한 것이라 간주할 수 있다. 물론 민주적 대표성을 확보한 교육감이 추진하는 교육정책이라 해도 관점에 따라 정치적으로 중립적이지 않은 것으로 비춰질 수 있다. 그러나 이는 정치적·민주적으로 정당한 것일 수는 있는 것이다. 그렇다면 우리에게 주어진 과제는 교육감의 민주적 대표성을 지금보다 더 강화시킬 수 있는 방안을 모색하는 것이라 할 수 있다.

IV. 교육감의 민주적 대표성은 어떻게 강화될 수 있는가?

1. 대안 1: 제한적 직선제

교육감 직선제가 민주적 대표성의 측면에서 많은 문제점을 보이고 있는 이유는 주민들의 낮은 관심과 투표율에 기인한다. 우리나라 학부모들의 자녀교육에 대한 지대한 관심과 열정을 생각할 때, 그리고 교육감이 지방의원들과는 달리 교육정책에 실질적인 영향을 행사할 수 있는 권한을 지니고 있다고 할 때, 교육감 선거에 대한 일반 국민들의 무관심은 좀처럼 이해하기 어려운 현상으로 간주될 수 있다. 그러나 원인 없는 결과는 없는 법이다. 이와 같은 현상이 발생하는 것은 다음과 같은 이유 때문이라 생각한다.

국민들의 교육에 대한 관심은 취학연령대에 있는 자녀를 두고 있을수록 높아질 수밖에 없다. 반면 초·중·고등학교에 다니는 자녀를 두지 않은 유권자는 교육에 많은 관심을 쏟을 필요성을 전혀 느끼지 않을 수 있다. 후자에 속한 유권자는 교육감 선거가 단독으로 치러질 경우 굳이 자신의 한 표를 행사할 필요성을 느끼지 못하고 투표를 아예 포기할 가능성이 높다. 한편 다른 선거와 교육감 선거가 동시에 진행되는 경우 이왕 투표소에 나온 김에 교육감 후보에게도 투표를 할 수는 있으나, 교육감 후보가 누구인지 그리고 그들이 내건 공약은 무엇인지 전혀 관심이 없었기 때문에 의미 있는 선택을 할 가능성은 떨어진다. 이들이 최소한도의 의미를 지니고 교육감 후보에 대한 투표를 하였다면 그것은 아마도 교육감 후보의 이념성향에 입각한 투표가 될 여지가 많다. 이념성향이 곧 정당성향으로 간주될 수 있는 상황에서 이들은 실질적으로 정당선호도에 입각한 투표를 한 것으로 해석할 수 있다.

그러나 초·중·고등학교에 다니는 자녀를 두고 있는 유권자는 교육감 선거에 많은 관심을 쏟을 수 있고, 따라서 보다 적극적으로 투표에 참여할 수 있다. 이들에게 가장 중요한 것은 자신들의 자녀들을 위한 양질의 교육내용과 교육환경의 구현이기 때문에 이들은 교육감 후보의 공약도 면밀히 조사하고 평가할 가능성이 높다. 따라서 이들은 단순히 후보들의 이념성향에 입각하여 투표를 하기보다는 후보의 정책에 입각한 투표를 할 가능성이 높을 것으로 판단된다.

이처럼 교육감 선거에 참여하는 유권자의 관심에 현격한 차이가 존재한다면 교육감 선거에 관심을 가질 인센티브가 있는 유권자들만을 대상으로 선거가 이루어지게 할 필요가 있다. 즉 초·중·고등학교 학생들의 학부모, 교직원, 교육기관 종사자들에 국한시켜 교육감 선거를 치르게 한다는 말이다. 고 전(2014)에 따르면 이들에게만 투표권을 준다면 2010년 지방선거 당시 유권자(38,851,159명)의 약 36%가 교육감 선거에 참여할 자격을 얻게 된다.

이와 같이 제한적 직선제가 이루어지는 경우 교육감의 민주적 대표성은 상당히 신장될 수 있을 것으로 예상된다. 우선 선거에 참여할 수 있는 자격을 지니고 있는 유권자들은 교육에 대한 관심이 일반적으로 높은 사람들이다. 따라서 이들을 대상으로 선거가 치러지는 경우 투표율이 매우 높게 나타날 수 있다. 이들은 또한 교육에 대한 전문성 수준이 상대적으로 높은 사람들이다. 그렇기 때문에 후보들의 정책에 대한 보다 수준 높은 평가를 수행할 수 있고 결과적으로 정책투표가 일어날 가능성을 높일 수 있다. 정책투표를 통해 교육감이 선출되는 경우 선거 과정에서 제시한 정책공약에 대한 민주적 정당성이 확보된 것으로 간주할 수 있기 때문에 교육감의 교육정책 추진에 대한 민주적 대표성은 더욱 강화될 수 있다.

한편 교육감 후보자가 난립하여 당선자의 득표율이 매우 낮게 형성되는 것을 방지하기 위해서 결선투표제를 도입하는 것도 교육감의 민주적 대표성을 강화시키는 방안이 될 수 있다. 과반도 되지 못하는 득표율로 민주적 대표성을 운위하기는 어렵다. 따라서 후보들 중 아무도 50% 이상의 득표를 하지 못하였을 경우 1위와 2위 후보 사이에 결선투표를 실시하여 최종 당선자가 적어도 과반 이상의 지지를 획득할 수 있도록 만들 필요가 있다. 그러나 이와 같은 방식은 투표비용이 더 든다는 점과 결선투표에 참여하는 유권자의 수가 일차 투표에 비해 떨어질 수 있다는 문제점을 지니고 있다고 생각된다.

제한적 직선제는 (지방선거와 동시에 치러지는 경우) 교육감 선거를 위해 선거인명부를 따로 작성하고 투표소에서 이를 일일이 확인하면서 추가적인 투표용지를 배부해야 한다는 점에서 다소 불편한 점이 없지는 않다. 그러나 이러한 불편이 가져오는 비용보다는 민주적 대표성의 강화라는 이득이 더 큰 제도라 생각한다.

2. 대안 2: 시 · 도지사와 교육감 러닝메이트 제도

시 · 도지사 후보와 교육감 후보가 러닝메이트를 형성하여 선거에 출마하는 것은 다음과 같은 점에서 교육감의 민주적 대표성을 강화시킬 수 있을 것으로 생각된다. 첫째, 이 방식은 단독으로 치러지는 교육감 선거보다 높은 투표율을 이끌어 낼 수 있다. 높은 투표율은 교육감의 민주적 대표성을 강화시키는 요인 중 하나이다. 일반 유권자에 있어서 시 · 도지사에 대한 관심이 교육감에 대한 관심보다 크다는 점을 고려할 때 이들이 러닝메이트로 출마하게 되는 경우 보다 높은 투표율을 기대할 수 있다. 둘째, 유권자에게 정보의 지름길을 제공함으로써 좀 더 의미 있는 투표를 유도할 수 있다. 시·도지사는 정당의 공천을 받아 선거에 출마하는 존재이다. 그러므로 시·도지사와 교육감이 러닝메이트로 출마하는 경우 유권자는 교육감의 정당성향이 어떻게 되는지 쉽게 파악할 수 있다. 각 정당이 대체로 어떠한 정책적 지향성을 지니고 있는지 알려져 있기 때문에 유권자는 교육감의 정책공약을 자세히 살펴보지 않고도 이들이 어떠한 교육정책을 추진할 것인지 어림잡아 짐작할 수 있다. 따라서 기호효과나 로또선거와 같은 무의미한 투표행태가 줄어드는 효과를 만들 수 있고, 이는 교육감의 민주적 대표성을 어느 정도 진작시키는 결과로 이어질 수 있다.

그러나 이와 같은 방식은 교육감의 자주성과 독립성이 약화될 수 있다는 점에서 문제가 있다. 러닝메이트제도를 도입하자는 쪽의 논거 중 하나는 이를 통해 시·도지사와 교육감의 교육정책이 서로 조화를 이루어 시·도지사와 교육감 간의 갈등을 완화시킬 수 있다는 점에 놓여 있다. 그러나 그와 같은 일이 가능한 이유는 교육감이 시·도지사에 종속되어 자신의 목소리를 내기 어렵게 되기 때문이다. 정치적 비중을 놓고 볼 때 시·도지사가 교육감보다 크다고 할 수 있으며, 따라서 교육감 후보가 러닝메이트로 시·도지사 후보를 정하는 것이 아니라 그 반대가 될 수밖에 없다. 즉 교육감 후보가 시·도지사 후보에 의해 낙점을 받는 식으로 러닝메이트가 구성될 것이라는 말이다. 시·도지사 후보가 자신의 요구를 묵살한 채 제 갈 길을 갈 수 있는 교육감 후보를 러닝메이트로 정할 가능성은 극히 낮다고 할 때, 이 방식을 통해 자주적이고 독립적인 교육감을 기대하기는 어려울 수밖에 없다.

3. 대안 3: 시 · 도지사의 교육감 임명과 지방의회의 검증

만약 교육감 직선제를 그대로 유지하기에는 너무나 많은 문제가 있다고 판단된다면, 견제와 균형의 논리를 적용하여 시 · 도지사가 교육감을 임명하고 지방의회에서 그를 검증하는 방식을 사용해 볼 수 있다. 이 경우 교육감의 민주적 대표성은 시 · 도지사와 지방의회가 선거 결과를 통해 확보한 민주적 대표성에 입각하여 확보되었다고 해석된다. 이와 같은 방안은 능력은 있으나 과다한 선거비용 때문에 교육감을 포기한 인물들까지 교육감 후보로 고려할 수 있기 때문에 인재풀이 넓어진다는 장점을 지닌다. 또한 교육감의 민주적 대표성은 시 · 도지사와 지방의회의 민주적 대표성에 연동되어 있기 때문에, 낮은 투표율이나 무작위적 투표행태에서 파생되는 낮은 수준의 민주적 대표성에 대한 고민을 할 필요도 없다.

그러나 이와 같은 방안은 다음과 같은 점에서 문제가 있다. 첫째, 시 · 도지사가 속해 있는 정당과 지방의회의 다수당이 일치할 경우 교육감에 대한 제대로 된 검증이 어려울 수 있다. 특히 지역주의에 입각하여 특정 정당에 대한 몰표가 많이 나오는 지역의 경우 이러한 현상이 나타날 가능성은 더욱 높아진다. 둘째, 국회 고위공직자 인사청문회에서 나타나고 있는 정파적 갈등이[5] 교육감 인사청문회에서도 그대로 재연될 가능성이 높다. 야당은 주로 후보자의 도덕성이나 과거 공직업무에 관련된 측면에 초점을 맞추어 공격을 하는데, 교육감 후보의 비도덕적인 측면에 대한 의혹 제기는 그 진위 여부를 떠나 그 후보뿐만 아니라 교육계 전체에 대한 불신을 확산시킬 가능성도 있다. 셋째, 만약 교육감에 대한 인사

---

5   이에 대해서는 최준영 · 조진만(2013)을 참조하시오.

청문제도가 국회의 장관에 대한 인사청문회처럼 의회의 인준을 반드시 필요로 하지 않는 것이라면, 여야간 합의가 이루어지지 않는다 하더라도 시·도지사는 교육감에 대한 임명을 강행할 수 있다는 문제점이 있을 수 있다.

4. 대안 4: 주민들에 의한 교육감 선출방식 결정

현재 교육감 선출방식은 중앙정부에 의해 단독적으로 결정되어 전국에 걸쳐 획일적으로 시행되고 있다. 그러나 이는 주민의 선택권을 제한한다는 측면에서 지방자치의 이상과 동떨어진 것이라 생각할 수 있다. 규칙이나 제도가 결과에도 영향을 미칠 수 있다는 신제도주의의 주장을 상기한다면(하연섭 2002; March and Olson 1989; North 1990), 교육의 직접적인 수요자인 주민들의 의견이 교육감을 선출하는 방식 자체에도 반영될 필요가 있다고 본다. 그렇게 될 수 있다면 다수의 주민이 원하는 방식대로 교육감이 선출되었기 때문에 그 방식이 어떠한 것이든 그 방식을 통해 나타난 선거 결과의 정당성이 올라갈 수 있으며, 따라서 선출된 교육감의 민주적 대표성도 강화될 수 있다. 만약 교육감 선출방식에 대한 선택권을 전적으로 지방자치단체에 부여하는 것이 부담된다면, 중앙정부에서 몇 가지 대안들을 제시하고 지방자치단체에 이 중 하나를 고르게 하는 것도 한 방법이 될 수 있다(최병대 2013).

V. 나가며

지금까지 교육감 직선제가 가지고 있는 장단점을 살펴보고, 단점을 극복

표 2. 교육감의 민주적 대표성 강화를 위한 대안

대안	주요 내용	장점	단점
제한적 직선제	유권자 전체가 아니라 교육에 관심이 있는 학부모, 교직원, 교육기관 종사자만 제한적으로 투표할 수 있게 함	▲ 상대적으로 높은 투표율 ▲ 정책투표 성향 강화	▼ 부가적인 선거인명부 작성 등 투표의 불편함 증가
러닝메이트제도	시·도지사와 교육감 후보가 러닝메이트를 형성하여 선거에 참여	▲ 상대적으로 높은 투표율 ▲ 무작위적 투표행태 발생 가능성이 떨어짐	▼ 교육감의 자주성과 독립성 약화
인사청문제도	시·도지사가 교육감 후보를 임명하고 지방의회에서 인사청문을 통해 후보자를 검증	▲ 인재풀의 확대 ▲ 시·도지사의 민주적 대표성에 의존 가능	▼ 단점정부 상황에서 제대로 된 검증 어려움 ▼ 정파적 인사청문회가 발생할 가능성 높음
주민에 의한 선출방식 결정	주민이 직접 자신들이 원하는 교육감 선출방식을 결정하여 활용함	▲ 주민 선택권 강화 ▲ 선거결과의 정당성 강화	▼ 교육감 선거제도의 난립에 의한 혼란

하기 위한 네 가지 대안에 대해 알아보았다. 네 가지 대안의 핵심을 정리하자면 표 2와 같다.

이 중 교육감 선출제도 자체를 지역주민이 결정하도록 하는 방안은 지역별로 선출제도가 난립하여 혼란을 창출하는 상황만 피할 수 있다면 전반적으로 매우 긍정적인 효과를 만들어 낼 수 있는 방안이라 판단된다. 이 방안은 주민들의 선택권을 강화시킬 수 있으며 선거 결과의 민주적 정당성도 증가시킬 수 있기 때문에 적극적으로 검토될 필요가 있다고 본다. 표 2의 나머지 세 가지 대안 중 각각의 대안이 지니고 있는 장단점을 고려할 때 교육감의 민주적 대표성을 가장 크게 신장시킬 수 있는 것은 제한적 교육감 직선제라 판단된다. 물론 이 방식을 채택하게 되면 부가적인 선거인명부 작성 등 투표 과정에서 불편함이 증가될 가능성이 있다. 그러나 그와 같은 추가적 비용이 발생할 수 있다 하더라도, 이 방식이 지니고 있는 장점이 가져올 수 있는 긍정적인 측면은 그러한 비용을 상쇄하고도 남을 것이라 예상된다. 제한적 교육감 직선제는 투표율을 전

반적으로 높게 향상시킬 수 있고 또한 정책투표 가능성을 올릴 수 있다는 측면에서 교육감의 민주적 대표성을 상당 수준 강화시킬 수 있을 것이다. 더구나 이러한 방식은 지방교육자치에서 교육감의 자주성과 독립성을 지금보다 더욱 강화시킬 수 있다는 점에서도 의미를 지닌다.

러닝메이트 제도는 교육감 선거의 투표율을 진작시키고 유권자가 무작위로 투표할 가능성을 떨어뜨린다는 점에서 장점이 존재한다. 그러나 이를 위해 치러야 하는 대가가 너무 크다는 데 문제가 있다. 러닝메이트 제도는 교육감이 시·도지사에 종속될 가능성을 높이고, 따라서 지방교육의 독립성이 교육감 직선제에 비해 크게 위축될 가능성이 있다. 또한 교육감이 시·도지사에 종속되는 경우 교육의 정치적 중립성을 유지하기 더욱 어려울 수 있다는 문제점도 존재한다.

교육감에 대한 인사청문을 통해 교육감을 임명하는 방안은 국회에서 이루어지고 있는 고위공직자에 대한 인사청문회가 지니고 있는 많은 문제점을 고려할 때 도입에는 상당한 주의를 요하는 대안이라 평할 수 있다. 국회의 인사청문회에서 발생하고 있는 여야 간 정파적 갈등은 후보자에 대한 객관적이고 공정한 검증작업을 불가능하게 만들어 왔다. 여당은 후보자를 방어하려 하고 야당은 일단 공격하고 비판하려 하는 상황에서 인사청문제도 도입의 취지 자체가 무색하게 된 상황이다. 국회에서 벌어지고 있는 이와 같은 일은 교육감에 대한 인사청문 과정에서도 그대로 재연될 가능성이 높으며, 따라서 이 방안의 도입에는 신중을 기해야 할 필요가 있다.

지금까지 교육감 선출제도에 대해서 알아보았다. 그러나 마지막으로 우리가 한 가지 더 유의하여야 할 것이 있다. 그것은 바로 교육감의 민주적 대표성은 단지 선출 과정에서만 확보될 수 있는 것은 아니라는 점이다. 선출된 이후에도 민주적 대표성은 얼마든지 증가할 수 있다. 바로 주민들의 적극적인 교육자치 참여를 통해서 말이다. 현재 우리나라는 학부모의 교육과정에 대한 참여가 저조한 상황이다. 그러나 학교별로 학부모 단체의 활동을 활성화 시킨다거나 학교운영위원회의 민주성을 강화시켜 학부모의 의견이 적극적으로 반영되는 조직으로 탈바꿈시킬 수 있다면 지방교육과정에 지역주민들이 더 많이 참여할 수 있을 것이다. 이와 같이 주민들의 적극적인 참여를 유도하는 것은 교육감의 민주적 대표성을 강화시키는 데서 선출제도 이상의 중요성을 가진다. 지방교육과정에 지역주민들의 참여를 고양시킬 수 있는 방안에 대한 더 많은 고민이 필요하다.

거버넌스의 다양화를 통한 지방자치의 활성화

이용마

I. 들어가며

지방자치제가 1991년 부활한 지 20년이 지났지만 아직까지 주민들의 신뢰를 얻는 데 크게 성공하지 못하고 있다. 이는 지방자치에 대한 주민들의 관심이 전반적으로 낮고, 지방선거 투표율이 50% 정도에 그치고 있는 점에서 단적으로 나타난다.

　　주민들의 참여가 낮아지는 이유에 대해서는 지역주의 투표성향이 반복된다거나 지방의원들의 자질이 부족하다는 등 여러 가지 문제들이 많이 지적되고 있다. 하지만 가장 큰 문제는 지방자치를 말 그대로 '우리 동네' 혹은 '우리 마을'의 현안을 풀어가는 풀뿌리 민주주의가 아니라 중앙정치의 연속선상에서 바라보는 점이다. 지방선거가 항상적으로 집권정부에 대한 중간평가의 성격을 띠고 있는 것이 단적인 예이다.

　　전국에서 동시에 실시되고 있는 지방선거 제도는 이와 같은 중앙정치적 속성을 더욱 촉진시키는 역할을 하고 있다. 여야가 광역단체장과 기초단체장 선거에서 몇 곳을 이겼느냐는 승패의 관점이 지배적인 상황에서 중앙정치와 달리 각 지방에 특징적인 지방정치에 대한 관심이 생길리 만무하다. 게다가 2010년 지방선거부터는 교육감과 교육위원까지 포함해 1인 8표를 행사하다보니 지방의원들이 누구인지 제대로 파악도 하지 못한 상태에서 "묻지마 투표"가 이뤄지고 있는 것이 현실이다.

이와 같은 제반 문제점을 개선하기 위해 최근 10여 년 동안 제도적 개혁이 진행되어 왔다. 지방의원을 명예직에서 유급제로 전환하고, 정당 공천과 비례대표제를 기초의회까지 확대하였으며, 기초의회 선거에 중선거구제를 도입하였다. 하지만 이러한 개선책 역시 중앙정치로부터 자율적인 '지방자치'를 실현하기에는 역부족이라는 지적이다. 즉 지방을 지방에게 돌려주기 위해서는 지방의원의 신분적 지위를 일부 개선하거나 지방의회의 구성방식을 일부 바꾸는 소극적인 차원이 아니라, 지방정치 자체에 대한 획기적인 인식의 전환을 가져올 수 있는 근본적인 개혁이 필요하다.

이 글은 이와 같은 문제의식에서 현행 지방자치제를 원점에서 전면 재검토할 것을 주장한다. 현행 지방정부의 구성형태에서 단체장과 지방의원들의 임기, 선거제도 등을 전면적으로 개편할 필요성이 있음을 밝히고 이를 위한 대안을 제시하고자 한다. 다시 말해 중앙정치에서 자율적인 지방정치가 활성화되려면 지금처럼 획일적으로 이루어진 지방정부의 거버넌스를 각 지역의 실정에 맞게 다양화하는 방향으로 전면 개편해야 할 것이다.

II. 현행 지방자치제도의 실태와 문제점

우리나라에서 지방자치제도라고 하면 가장 먼저 떠올리게 되는 것은 직선 단체장이다. 1995년 제1차 동시지방선거에서 단체장 직선제가 부활한 이후 민선 단체장들이 보여준 성과는 자치단체 주민들이 직접 체감할 수 있을 정도로 컸던 것이 사실이다. 이로 인해 단체장의 직선이냐 임명이냐가 지방자치의 일차적인 판단 기준이 되다시피 했다.

하지만 우리나라 헌법에 지방자치와 관련해 구체적으로 적시한 것은 지방의회의 구성에 관한 조항뿐이다. 헌법 제118조 1항은 "지방자치단체에 의회를 둔다"고 규정하고 있고, 제118조 2항에서 "지방의회의 조직, 권한, 의원선거와 지방자치단체의 장의 선임 방법, 기타 지방자치단체의 조직과 운영에 관한 사항은 법률로 정한다"고 되어 있다. 즉 우리 헌법에서는 단체장을 우선시하는 일반적인 통념과 달리 지방의회에 대한 규정을 우선시하고 있다.

그런데 1949년 지방자치법이 제정되어 우리나라 지방자치단체의 기관구성형태가 단체장과 의회 간의 기관대립형으로 일률적으로 정해지면서, 지방자치는 곧 단체장 직선이란 식의 통념이 형성되었다. 즉 자치단체의 장으로 대표되는 집행기관과 지방의회가 일대일 조응을 하는 기관대립형이 지방자치법에 의해 일방적으로 정해진 뒤 지금까지 무비판적으로 적용되어온 것이다.

하지만 지방 분권화가 진행되고 지방행정이 복잡해지면서 지금까지 적용되었던 획일적인 기관구성형태에 대해 의문이 제기되고 있다(강인호 2006; 안영훈 2006; 2007a; 이관행 2010; 이종수 2010a; 최우용 2004 등). 민주주의 실천의 장이자 생활정치의 장으로서 자치단체의 역할이 커지고 있는 시점에 자치단체의 종류나 규모, 도시와 농촌, 자치단체의 문화 등 지역 간 차별성을 고려하지 않는 획일적인 기관구성형태는 더 이상 바람직하지 않다는 것이다.

또 동일하게 선거를 통해 당선되었으면서도 단체장의 지위와 권한은 막강한 반면 지방의회의 위상이나 권한은 취약해, 기관대립형으로서의 실질적인 견제와 균형의 원리가 작용하지 못하는 부작용 또한 중요한 문제로 지적되고 있다(안영훈 2007b). 이로 인해 중앙정치와 대별되는 지방정치가 부재하고, 지방의회에 대한 경시 풍조가 만연해, 지방의 유능한 인력이 지방자치에 불참하는 등 악순환 현상이 반복되고 있다.

획일화된 기관구성형태는 주민참여라는 관점에서도 그 역효과가 큰 것으로 나타나고 있다. 동일한 임기와 선거제도를 갖는 단체장과 지방의원들에 대한 선거가 전국적으로 동시에 실시됨으로써, 지방선거가 사실상 중앙정치의 대리전 역할을 하게 되고 풀뿌리 민주주의로서 지방자치의 의미가 반감되고 있다(이종수 2010b). 지방선거에서도 지역주의 투표 성향이 예외 없이 나타나는 것은 지역주의 정당의 공천에 따른 직접적인 결과라기보다 중앙정치와 대별되는 지방정치의 부재에서 더 큰 원인을 찾을 수 있다.

이에 따라 "지방을 지방에게 돌려주자"는 취지의 근본적인 지방자치 개혁을 위해서는 무엇보다 중앙정치의 영향에서 다소 독립적인 지방정치를 활성화하는 일이 시급하다고 할 수 있다. 즉 특정한 지역에서 중앙정치와 완전히 분리될 수는 없겠지만 어느 정도의 완결성을 갖는 지방정치가 가능하게 함으로써 주민들의 참여를 증대시키는 것이다. 그 출발점은 우선 자치단체의 구성방법부터 각 지방에 맞게 주민들이 스스로 선택할 수 있도록 하는 일일 것이다.

실제 미국이나 독일 등 지방자치제가 일찌감치 뿌리를 내리기 시작한 나라들의 경우 우리와 달리 자치단체별로 다양한 거버넌스를 갖추고 있다. 지금부터는 외국의 사례를 통해 지방정부의 거버넌스 다양화를 위한 방안을 살펴보도록 하겠다(강인호 2006; 구기찬 2012; 남유진 2005; 안영훈 2006; 2007; 이관행 2010; 이기우 · 하승수 2007; 이종수 2010b; 임승빈 2012; 최우용 2004; 황아란 1997 등).

III. 각국 지방정부 거버넌스의 유형 및 특징

1. 미국

미국의 지방정부는 이 책의 V장 '지방자치단체장의 정치적 책임 어떻게 물어야 하나?'에서 자세히 설명한 것처럼 집행기관과 지방의회의 구성방식 및 그 관계에 따라 ① 시장–의회형(Mayer-Council Form), ② 의회–매니저형(Council-manager Form), ③ 위원회형(Commission Form), ④ 주민총회형(Town Meeting Form) 등 크게 네 가지의 유형으로 분류할 수 있다(남유진 2005; 안영훈 2006; 임승빈 2012; 황아란 1997 등). 1995년 현재 4가지 형태 가운데 시장–의회형이 49% 정도로 가장 많고, 의회–매니저형이 42% 정도에 달한다. 그 외 주민총회형은 6.7%, 위원회형은 2.3%에 이르고 있다(표 1 참고).

　　시장–의회형은 시민에 의해 선출된 자치단체장과 지방의원들이 각각 집행기관과 의결기관을 나누어 맡아 상호 견제와 균형의 원리에 따라 각자 책임을 지는 제도이다. 전통적인 기관대립형 정부구조로 현재 우리나라에서 채택하고 있는 것과 동일하다.

　　의회–매니저형은 직선으로 선출된 의원들로 구성된 지방의회가 단체장 대신 정책집행을 총괄하는 행정전문가를 자치단체의 매니저로 임명하는 제도이다. 이 제도는 인구가 점증하는 도시에서 상당한 인기를 얻으면서 채택 비율이 급속히 늘고 있다.

위원회형은 주민에 의해 선출된 소수 위원들이 지방의회를 구성해 정책을 결정하고, 이들이 다시 각 집행부서의 장으로서 책임을 맡아 정책을 수행하는 제도이다. 즉 기관통합형의 대표적인 형태이다.

주민총회형은 자치단체 내의 모든 주민이 총회에 참여해 주요 공직자를 선출하고 예산이나 중요 정책 등을 투표를 통해 결정하는 직접 민주주의 제도이다. 하지만 자치단체의 규모가 커지고 주민참여율이 낮아지면서 실질적인 운영에 어려움을 겪고 있다.

미국의 지방의회 선거 방식은 자치단체의 유형에 따라 차이가 있지만, 일반적으로 소선거구제 혹은 대선거구제, 그리고 두 가지 선거방식을 혼합한 방식을 취하고 있다. 2001년 현재 의회-시장형에서는 주로 소선거구제를 채택하고 있고, 소선거구와 대선거구를 혼합한 방식을 일부 도시에서 채택하고 있다. 반면 정당공천을 배제하고 있는 의회-매니저형에서는 대선거구제를 많이 선택하고 있다.

지방선거 시기도 일정하지 않다. 시장과 지방의원들의 임기나 선거 일정을 각 주에서 자율적으로 결정할 수 있도록 해놓았기 때문이다. 시장과 지방의원의 임기는 보통 2-4년이고, 선거 시기도 보통 대통령선거와 연방의회 선거를 피한 해에 치러지고 있다.

2. 영국

영국은 의원내각제 국가답게 지방정부의 거버넌스 역시 기관통합형으로 이루어졌다. 즉 실질적인 행정집행을 맡는 수석행정관(chief executive) 제도를 두고 있지만, 지방의원들이 위원회를 구성해 의결과 집행을 동시에 수행했다. 하지만 이 제도하에서 지방의원들이 집행기능에 매몰되어 지역대표 기능을 제대로 수행하지 못하는 등 기관통합형의 각종 폐해가 등장하자, 2000년 토니 블레어 노동당 정부 이후 지방정부에 대한 대대적인 개혁에 착수했다(안영훈 2006: 61-69; 안영훈 2007b: 92-95).

지방정부 개혁의 핵심은 주민대표기능과 집행기능을 분리하는 것이었으며, 이를 위해 일부 소규모의 지방정부를 제외한 모든 지방정부가 위원회형을 벗어나 시장 직선제 혹은 내각 지도자형으로 기관구성형태를 바꿀 것을 의무화했다. 즉 ① 지도자 중심 내각형, ② 직선 시장-내각형, ③ 직선 시장-매니저형 등 세 가지 중에서 선택할 수 있도록 했다.

지도자 중심의 내각형은 직선으로 선출된 의회가 내각 지도자를 임명하고, 이 내각 지도자가 의회의 승인을 받아 의원들을 중심으로 집행부 역할을 하는 내각을 구성한다. 내각은 다시 의회와의 협의를 통해 수석행정관과 주요 공무원을 임명한다. 즉 의회와 내각, 실질적 행정담당 등 3단계로 이루어져 있다.

직선 시장-내각형은 시장을 주민 직선으로 선출하고, 시장이 독자적으로 의원 중에서 내각을 구성할 수 있다는 점에서 지도자 중심 내각형과 차이를 보인다. 직선 시장은 정치적 리더십을 발휘해 기본 정책을 제안할 수 있고, 포괄적인 집행업무와 정무적인 기능을 담당한다는 점에서 막강한 권한을 보유하고 있다. 다만 이 형태에서도 수석행정관과 주요 공무원의 임명은 의회의 승인을 받아야 한다.

직선 시장-매니저형에서는 수석행정관 혹은 매니저를 시장이 아니라 의회에서 임명한다. 즉 시장은 직선으로 선출되어 기본 정책을 제안할 수 있고, 이를 집행하기 위해 수석행정관 혹은 매니저를 통제할 수 있는 권한이 있다. 하지만 시장에게는 수석행정관을 비롯한 주요 공무원에 대한 인사권이 없다. 의회가 임명한 수석행정관이 의회의 동의를 받아 주요 공무원을 임명할 수 있다.

영국에서는 지방정부 개혁 이후 지도자 중심 내각형이 80%에 달하는 대다수를 차지하고 있지만, 런던광역시를 비롯한 일부 도시를 중심으로 직선 시장-내각 혹은 직선 시장-매니저형이 채택되고 있다.

지방의회의 선거제도는 미국처럼 지역마다 다른 방식을 취하고 있다. 잉글랜드 지역에서는 아예 선거 없이 지방정부나 다른 조직에서 파견된 대표들로 의회를 구성하기도 하고, 소선거구제와 중선거구제를 채택하고 있는 지역도 있다. 런던의회는 지역구와 정당명부 비례대표제를 혼합한 선거방식을 사용한다.

지방의원의 임기는 4년으로 정해져 있다. 하지만 선거 시기는 각 지역마다 차이가 있다. 4년마다 지방의원을 한꺼번에 선출하는 곳이 있는가 하면, 2년마다 절반씩 선출하거나, 처음 3년 동안 매년 3분의 1씩 뽑는 지역도 있다.

3. 독일

독일은 제2차 세계대전 이후 점령국들의 영향을 받아 각 지역별로 ① 북독일 의회형, ② 남독일 의회형, ③ 시장형, ④ 이사회형 등 네 가지의 독특한 형태를 보이고 있다.

먼저 영국의 점령지였던 곳에서는 북독일 의회형을 띠고 있는데, 지방의회가 실질적인 역할을 하는 의원내각제형이다. 주민 직선으로 선출된 의회는 자치단체의 사무총장과 부사무총장을 선임하고 사무총장이 실질적인 행정을 책임진다. 시장은 의회 의장이 겸직하며 형식적이고 의례적인 역할만 담당한다.

남독일 의회형은 미국의 점령지였던 남부지방에서 채택하고 있는 형태이다. 주민들은 보통 임기가 다른 시장과 의회 의원을 별도로 선출하고, 시장이 의회 의장을 겸직한다. 시장이 직선으로 선출되는 만큼 강력한 권한을 갖고 자치단체의 행정업무를 총괄한다. 의회는 부시장을 선출하지만, 부시장은 시장의 지시를 받아 업무를 수행한다.

시장형은 프랑스의 영향을 받은 지역에서 나타나는 형태로, 주민 직선으로 뽑힌 지방의회에서 시장과 부시장단을 간선으로 뽑는다. 시장은 의회 의장을 겸임하며 의회의 의사결정과 행정부의 정책집행에 대해서도 책임을 지는 강력한 권한과 지위를 갖는다.

이사회형은 의결기관과 집행기관이 엄격히 분리되어 있다. 주민 직선으로 선출된 지방의회가 최고의 의결기관으로서의 지위를 갖고, 지방의원 중에서 이사회 위원장과 위원들을 뽑아 별도의 합의제 집행기관인 이사회를 구성한다. 이사회 위원장은 시장을 겸직하며 모든 행정업무를 총괄한다.

독일에서 지방의원의 선출방법이나 지방의원의 임기는 주마다 다양하다. 지방의원의 임기는 북독일 의회형이 5년, 남독일 의회형이 5-6년, 시장형은 4-5년, 이사회형은 4년 등으로 차별화되어 있다. 시장의 임기 또한 5-8년 등으로 주마다 차이가 있을 뿐만 아니라, 지방의회 의원들과 임기를 달리하고 있다.

선거제도는 거의 모든 주가 정당명부 혹은 시민단체의 선거후보자 추천명부에 투표하는 비례대표제를 채택하고 있고, 후보 개인에게 투표하는 다수대표제 역시 병행하는 경우도 있다. 선거구 역시 대선거구가 많지만 일부 지역에서는 선거구를 나누어 선거를 실시하기도 한다.

4. 프랑스

프랑스의 지방정부는 의결기관과 집행기관이 통합된 기관통합형으로 획일화되어 있다. 주민들에 의해 선출된 지방의회 의원들이 다수당 정당명부의 1순위 의원을 의장으로 선출하고, 이 의장이 단체장을 겸직한다. 단체장은 형식적으로는 간선이지만 사실상 주민 직선에 의해 뽑힌 것이나 마찬가지여서 주민 대표성에 기반을 둔 강력한 권한을 인정받고 있다.

단체장은 지방의회 부의장들을 부단체장으로 임명해 상임위원회를 구성하고, 이 상임위원회를 중심으로 행정부서의 집행기능을 관리, 감독한다. 각 부단체장 혹은 부의장은 전체 의원의 30% 이내에서 선출되며, 이들이 소관 상임위원회 운영을 실질적으로 책임진다.

프랑스 지방정부에서 특징적인 것은 상임위원회와 별도로 행정업무를 총괄하는 사무총장을 두는 것이다. 미국이나 영국의 수석행정관 혹은 전문행정 매니저 제도와 유사한 것으로, 이들에게 실무행정을 맡기고 단체장은 포괄적 책임을 지는 식으로 조직운영을 다양화하려는 시도가 이뤄지고 있다.

지방의회 선거는 레지옹과 데빠르뜨망, 꼬뮨 등 각급 자치단체별로 서로 다른 방식으로 운용되고 있다. 광역단체라고 할 수 있는 레지옹의 의회는 중선거구 비례대표제, 데빠르뜨망 의회는 소선거구 절대다수대표제, 꼬뮨 의회는 대선거구 비례대표제 등 채택하고 있다.

지방의원의 임기는 6년으로 정해져 보통 6년마다 선거를 하지만, 데빠르뜨망 의회는 3년마다 의원의 절반씩을 선출한다.

IV. 지방 거버넌스의 다양화 방안

1. 기관구성형태의 자율적 선택

지방정부 거버넌스의 다양화 필요성은 주민참여의 증대와 함께 무엇보다 현재 획일화된 강시장-약의회형의 기관구성형태에서 나타나는 여러 가지 문제점에 기인한다. 가장 큰 문제는 지방의회의 취약성일 것이다. 즉 지방의회가 단체장을 견제할 수 있는 충분한 권한과 위상이 부재한 상황에서 지방의회에 대한 관심은 저조할 수밖에 없고, 해당 지역의 역량 있는 인물들이 지방의회에 관심을 보이지 않으면서 지방의원의 자질이 떨어지는 악순환을 겪고 있는 것이다. 이에 따라 현재의 문제를 해결하기 위해서는 무엇보다 먼저 지방의회의 권한과 위상을 높일 수 있는 방향으로 각 자치단체에서 자율적으로 기관구성형태를 선택할 수 있도록 해야 한다.

표 1. 인구규모·기관구성형태별 지방자치단체의 수

인구규모	소계	기관구성형태			
		시장-의회형	의회-매니저형	위원회형	주민총회형
100만 이상	8	6	2	0	0
50만-100만	17	14	3	0	0
25만-50만	39	16	21	2	0
10만-25만	131	47	80	4	0
5만-10만	338	118	213	3	4
2만 5천-5만	682	239	403	17	23
1만-2만 5천	1,602	678	746	55	123
5천-1만	1,805	920	705	37	143
2천5백-5천	2,001	1,256	565	38	142
2천5백 이하	608	261	292	7	48
총계	7,231	3,555	3,030	163	483

출처: 출처: IMCA, *Municipal Year Book*(1995)(황아란 1997 : 29에서 재인용)

기관구성형태를 선택하는 데 우선적으로 고려해야 할 것은 각 자치단체의 규모와 특성일 것이다. 이 중 자치단체의 규모와 관련해 미국의 네 가지 기관구성형태의 현황을 살펴보면 표 1과 같다.

50만 명 이상의 대규모 자치단체와 1만 명 미만의 소규모 자치단체에서는 시장-의회형을 주로 선택했고, 1만 명 이상 50만 명 이하의 중간 규모에서는 의회-매니저형에 대한 선호도가 높은 편이다. 주민총회형과 위원회형의 비율은 1만 명 이하의 소규모 자치단체에서 상대적으로 높다. 이는 사회적 균열도가 높은 대규모 자치단체에서는 강력한 단체장이 효율적으로 의견을 모아 정책을 집행할 수 있는 형태를 선호하고 있고, 추가적인 성장 가능성이 높은 중간 규모의 자치단체에서는 행정전문 매니저를 통한 행정의 효율적 관리를 선호함을 알 수 있다.

이를 우리 사회에 기계적으로 적용할 수는 없겠지만, 중소 도시의 경우 의회-매니저형의 도입이 필요하다는 목소리가 제기되고 있다(강인호 2006; 최우용 2004). 중소 도시에서는 사회적 균열도가 높지 않아 정치적인 이해관계가 비교적 균일한 만큼 정치적 능력보다는 도시 행정 전문가가 요구된다는 것이다. 즉 시장-의회형의 정치적 능력이 뛰어난 시장보다는 의회-매니저형의 매니저가 자치단체를 훨씬 전문적이고 효율적으로 운영할 수 있다.

또 대규모 도시의 경우에도 현재의 시장-의회형을 유지하면서도 영국처럼 수석행정관 혹은 매니저 제도를 도입하는 것도 하나의 방안이다. 이를 통해 시장의 과도한 행정업무 부담을 완화함과 동시에 현재의 강시장 체제에서 시장에게 몰린 권한을 일정하게 제어하는 효과도 가져올 수 있다. 수석행정관 혹은 매니저에 대한 임명권은 자치단체의 결정에 따라 단체장이나 지방의회가 가질 수 있다.

인구규모가 작은 농어촌의 시군 등지에서는 소규모 지방의원들로 구성되는 위원회형을 도입해 합의제 민주주의를 시도해보는 것도 적절할 것으로 보인다. 이 경우 단체장과 지방의원을 별도로 선출하는 절차를 거칠 필요가 없고, 지방 의원 수를 줄임으로써 지방의회 유지비용 등을 절약할 수도 있다.

우리의 경우 기관구성형태를 생각할 경우 인구규모뿐만 아니라 현재의 지역주의 특성 또한 중요한 고려사항이 될 수 있다. 영호남 지역의 경우 단체장과 지방의회를 한 정당이 독점하고 있는 현실을 고려하면 굳이 단체장과 지방의원을 별도로 선출할 필요가 있을지 의문이 들기도 한다. 프랑스나 영국처럼 주민들이 의회 의원만 선출하고 지방의회에서 단체장을 뽑는 통합형 기관형태를 시도해보는 것도 좋을 것으로 보인다. 통합형 기관형태를 선택할 경우 지방의회의 위상과 자질은 현행 강시장-약의회 형태보다 훨씬 높아질 수 있을 것이다.

다만 이 형태에서 특정 정당 독점의 정치체제가 아예 굳어질 수 있다는 단점이 있다. 단체장과 지방의원에 대한 분할 투표가 불가능해지기 때문이다. 이 단점을 피하기 위해 단체장과 지방의회 의원들을 현행처럼 구분해서 선출할 수도 있다. 이 경우 지방의회 의원들로 내각을 구성하는 영국식 직선 시장-내각형 혹은 직선 시장-매니저형을 도입할 수 있다. 이 제도 역시 단체장의 권한을 견제하고 지방의회의 위상을 제고해, 현행 강시장-약의회 형태의 문제점을 해소하는 데 도움이 될 것이다.

2. 자치단체 선거방식의 자율화

주민들의 참여를 높이기 위해서는 기관구성형태의 다양화와 함께 자치단체 선거 방식도 자율적으로 선택할 수 있게 해야 한다. 먼저 현행 동시선거 제도를 폐지해서 지방정치가 활성화될 수 있도록 해야 한다(이종

수 2010b). 현행 동시선거제도는 오로지 행정의 효율성과 투표율 증대라는 관점에서 도입된 측면이 있다. 하지만 이 제도로 인해 지방선거에서 지방정치는 완전히 실종되고 중앙정치가 대신 그 자리를 차지해 버렸다. 지역주의 투표성향이 아직도 뚜렷한 상황에서 동시선거제도의 장점보다는 단점이 더 두드러지게 나타나고 있는 것이다.

동시선거를 피하려면 단체장이나 지방의회 의원들의 임기를 미국이나 영국, 독일처럼 각 자치단체에서 자율적으로 정할 수 있도록 해야 한다. 지방의원 선거도 자치단체의 선택에 따라 한꺼번에 전체 의원을 뽑을 수 있지만 나누어서 뽑을 수도 있게 해야 한다. 재선거나 보궐선거가 치러질 경우 새로 선출된 단체장이나 지방의원들의 임기를 굳이 잔여임기로 제한하지 않는 것도 동시선거를 피할 수 있는 한 방안이다.

광역의원과 기초의원 선거 방식도 현행처럼 일률적으로 유지할 필요가 없다. 현행 동시선거제도하에서는 광역의원이나 기초의원에 대한 정보가 부족한 상태에서 유권자들이 투표를 할 수밖에 없다. 따라서 광역의원 선거를 아예 폐지해 유권자들은 기초의원만을 뽑고, 기초의원들이 자기들 중에서 광역의원을 간선으로 뽑는 것도 한 방안이 될 수 있다. 이 경우 선거비용을 상당수 절약하고 선거 절차도 간소화할 수 있다.

3. 구역 자치제도 도입의 검토

지방자치가 민주주의 실천의 장이라는 관점에서 주민참여를 늘리는 방안으로 독일에서 채택하고 있는 구역(Bezirk 혹은 Ortschhaft) 자치제도를 도입하는 것도 검토해볼 만하다(이기우 2004). 독일의 경우 주민 수가 800명을 넘는 도시는 구역을 나누고 대표기관인 구역의회를 설치하도록 되어 있다. 구역의회가 동네 주민들의 직선으로 뽑히는 구역의원들로 구성되는 것이다. 이 구역의회는 조례제정과 같은 법적인 구속력이 있는 결정을 할 수는 없지만, 보충성의 원칙에 따라 해당 구역과 관련된 실질적인 의사결정 기능을 갖추고 있다.

우리의 경우 기초단체의 평균 인구가 무려 20만 명을 넘을 정도로 규모가 큰 편이다(안영훈 2007: 56). 이에 비해 기초의원은 20명이 되지 않아 기초의원 1인당 13,800명을 대표하고 있다. 기초의원 1인당 대표 주민이 독일의 경우 100명-700명, 영국은 1,000-2,000명이라는 것과 비교하면 큰 차이가 난다. 우리와 유사한 제도를 갖고 있는 일본만 해도 기초의원 1인당 800-3,000명을 대표하고 있다. 그만큼 우리나라 기초의원이 실질적인 주민 대표 기능을 하기 어렵다는 것을 의미한다.

따라서 대표성을 높이고 주민참여를 높인다는 관점에서 기초단체의 하위 개념으로서 구역의회를 설치하는 방안을 적극적으로 검토할 필요가 있다. 도시에서는 동, 농촌에서는 읍이나 면을 묶어서 구역의회를 설치할 수 있다. 이미 각 동별로 주민자치위원회를 설치하는 법적인 요건이 마련되어 있으므로 이를 개선해 주민들이 대표를 뽑는 식으로 실질화하는 것도 중요한 방법이다. 그리고 여기서 해당 지역과 관련된 기본적인 사항을 논의해 기초의회에 건의하거나 일부 사안은 스스로 결정할 수 있도록 하면 될 것이다.

V. 나가면서

이 글에서는 지방자치제도가 주민들로부터 신뢰를 얻지 못하는 가장 큰 문제점으로 지방정치의 부재를 들고 있다. 지방자치가 그 자체로서 어느 정도의 완결성을 갖추고 주민들의 참여를 제고하려면 특정 지방에 고유한 정치, 즉 지방정치가 활성화되어야 한다. 하지만 우리나라의 현행 지방자치제도하에서는 지방선거조차 중앙정부에 대한 중간평가 개념으로만 취급될 뿐, 지방선거 본래의 의미를 찾기 어려운 것이 현실이다. 이에 따라 지방선거에 대한 주민들의 참여가 떨어지고 자치단체의 위상과 권한 또한 낮아지는 악순환이 벌어지고 있다. 이 악순환을 극복하려면 지방정치 활성화를 위한 혁신적인 개혁이 이루어져야 한다.

먼저 전국의 모든 자치단체들이 획일적으로 채택하고 있는 강시장-약의회형 기관구성형태를 각 지방의 실상에 맞게 스스로 선택할 수 있도록 해 다양화를 유도할 필요가 있다. 선진 외국에서 볼 수 있는 것처럼 인구규모를 고려해 의회가 임명하는 매니저나 수석행정관 제도를 도입할 수도 있고, 소수의 지방의원들로 구성된 위원회형 등을 선택할 수도 있다. 또 지역주의 투표성향이 강한 점을 고려해 영호남 지역의 경우 의결기관과 집행기관을 일치시키는 기관통합형을 선택하는 것도 하나의 방안이다.

현행 동시선거제도가 낳고 있는 중앙정치화의 폐해도 극복할 필요가 있다. 이를 위해 단체장과 지방의원의 임기를 자치단체에서 자율적으로 정하고, 선거 방법이나 시기도 지역별로 차별화할 수 있도록 해야 한다. 자치단체에 따라서는 기초의원 중에서 광역의원을 간선으로 뽑는 등 선거제도를 자율적으로 선택할 수 있게 자치단체에 자율권을 주어야 한다.

주민참여를 높이기 위해서 주민자치위원회를 주민투표로 선출해 구성하는 것도 방법이다. 즉 우리나라의 동이나 읍, 면의 기능을 살려 독일처럼 기초의회 하위개념의 구역의회를 구성할 수 있을 것이다. 구역의회의 경우 법적인 권한을 가질 수는 없지만, 말 그대로 마을의 기본적인 사안에 대한 의사결정을 내릴 수 있도록 할 경우, 주민참여가 제고될 것으로 기대된다.

주민 참여 자치: 제도적 분권, 시민참여 그리고 대안

전용주

I. 들어가는 말

유엔개발계획(United Nations Development Programme: UNDP)은 1996년 "인간개발보고서"(Human Development Report)에서 경제적 성장이 목적 그 자체가 되어서는 안 된다고 천명한 바 있다. 그리고 그 목적은 인간의 삶을 보장하는 것이 되어야 한다고 강조하고 있다. 즉 '지속가능한 발전'(sustainable development)의 목표는 경제적 이익이 아니라 인간 삶의 질을 전체적으로 업그레이드시키는 것이라는 것이다. 그렇다면 지속가능성은 어떻게 달성할 수 있을까? 유엔개발계획은 동 보고서에서 다음과 같은 지속가능성의 다섯 가지 측면을 열거하고 있다.[1]

첫째, 개인의 '역량강화'(empowerment)이다. 이는 개인 또는 가족·지역사회와 같은 집단이 정치·사회·경제적 환경의 차원에서 강점

[1] http://hdr.undp.org/sites/default/files/reports/257/hdr_1996_en_complete_nostats.pdf

을 향상시키고, '스스로 의사결정하고 선택'하는 환경으로 재구성할 수 있도록 돕는 과정이다. 둘째, '협력'(co-operation)이다. 개인적 충족감, 그리고 삶의 질이 높아지고 있다는 생각은 함께 일하고 상호작용하는 방식을 강화할 때 얻어질 수 있는 것이다. 셋째, '공평'(equity)이다. 능력과 기회의 확대는 소득 증대만을 의미하지 않으며, 모든 사람들이 교육과 복지서비스 등을 골고루 누릴 수 있어야 한다는 것을 의미한다. 넷째, '지속가능성'(sustainability)이다. 이는 미래세대와 관련된 것이다. 즉 현재 우리들은 미래세대의 빈곤과 박탈감을 최소화해야 하며, 그들이 기본적 능력을 발휘할 수 있는 권리를 침해하지 말아야 한다. 현재 사회발전도 이러한 방향으로 나아가야 한다는 것이다. 다섯째, '안전'(security)이다. 사람들은 자신의 삶을 침해할 수 있는 어떠한 위협—질병이나 정치적 억압 등—으로부터 자유로워야 한다.

흥미롭게도 유엔개발계획은 2013년 발간한 "인간개발계획"에서 지속가능한 발전의 요소에 한 가지를 추가하고 있다. 그것은 '개인들의 영향력과 참여'(voice and participation) 증진이다. 보고서는 다음과 같이 언급하고 있다.

> "사람들이 자신의 삶에 영향을 주는 사건이나 과정에 의미 있는 **참여**를 하지 못한다면, 그러한 인간 개발 경로는 바람직하지 못할 뿐만 아니라 지속가능하지도 않다. 사람들은 정책결정과 결과에 영향력을 가져야 한다" (UNDP Human Development Report 2013, 6).[2]

즉 유엔개발계획도 인간 개발과 삶의 질 증진을 위해서는 능력과 기

---

2   http://www.undp.org/content/undp/en/home/librarypage/hdr/human-develop-ment-report-2013/

회의 보장을 통해 스스로 의사를 결정하는 사회, 서로 협력하는 사회, 그리고 참여를 통해 영향력을 행사함으로써 자기 충족감을 가질 수 있는 사회를 만들어 가야 한다고 주장하고 있는 것이다. 이것이 '지속가능한 사회'인 것이다.

이와 같이 볼 때 지방 분권을 통해 지역과 주민의 권한을 강화하고 자기 삶과 직결된 문제에 대해서 스스로 결정할 수 있는 '지방자치'(local self-government)가 지속가능한 사회를 위한 해답으로 보인다. 즉 보다 나은 인간의 삶을 위한 지속가능한 발전은 결국 참여를 전제로 한 '주민자치'와 지방 단위에서의 민주주의(local democracy)의 강화로 이루어질 수 있다는 것이다.

다음 절에서는 주민자치를 위한 제도적 분권 방안과 시민참여에 대한 이론적·경험적 논의를 간략히 정리하도록 할 것이다. 먼저 지방 분권은 무엇인지, 그리고 그를 위한 제도적 방안으로는 어떠한 것들이 제시되고 있는지를 살펴볼 것이다. 또한 실증적 측면에서 시민들이 정치에 참여하는 동기는 무엇인지에 관해 정리할 것이다. 그 다음으로는 한국에서 주민 자치가 성공한 대표적 사례를 요약해보도록 한다. 마지막으로는 앞에서의 논의를 근거로 한국에서 주민자치가 성공하기 위한 방안을 개괄적으로 제시하도록 할 것이다.

II. 주민 자치를 위한 제도적 분권, 그리고 시민 참여

1. 제도적 지방 분권

지방분권과 주민자치를 지지하는 학자들은 그것이 '민주주의'(democracy)를 한 단계 발전시킬 수 있다고 주장한다. 그 근거는 대략 다음과 같다. 첫째, 지방분권은 시민들의 '정치 참여'(political participation)와 정책 결정에의 참여를 보장함으로써, 직접 민주주의를 강화할 수 있다. 직접 민주주의는 시민 참여를 전제로 한다. 분권을 통해 그 기회를 부여한다면, 참여 또한 확대될 것이다. 지방으로 권한을 이양한다면 시민들의 권력에의 접근(access)이 다층화, 다변화되고, 따라서 시민들의 정책 결정 과정에 있어서의 참여기회를 확대시킬 수 있다는 것이다. 또한 시민참여가 활성화된다면 이는 공동 문제 해결을 위한 토론, 그리고 결과를 인정하는 성숙한 민주적 시민을 양성하는 장으로 활용될 수 있다. 즉 지방 자치가 '풀뿌리 민주주의'(grass-root democracy)를 위한 학교로서의 역할을 하게 된다는 것이다. 참여가 증진된다면 지방자치단체 정책에 대한 감시 활동도 활발하게 되며, 자치단체장이나 관료들의 '책임성'도 높아지는 효과도 가져오게 된다.

   둘째, 지방 분권은 지방자치단체의 '반응성'(responsiveness) 수준을 높여줄 수 있다. 중앙 정부는 하위 단위 여러 지역 주민들의 다양한 요구를 정책에 반영하기에는 너무 느리고 비대하다. 이에 비해 주민과 근접한 자치 단체가 그 지역과 관련한 정책 결정 권한을 가지고 있다면, 중앙 정부보다 더 신속하고 효율적으로 지역 주민들의 요구를 정책에 반영할 수 있다. 지방 정부는 지역 주민들에 가까이 있어 그들이 무엇을 원하는지에 대한 더 많은 정보를 가지고 있기 때문이다.

셋째, 지방 분권은 '다원주의'(pluralism)를 증진시킴으로써 민주주의 발전에 기여할 수 있다. 크리소초우(Chryssochoou 1998)는 지방 분권의 완성된 형태인 '연방주의'(federalism)에 대해 다음과 같이 옹호한다. "연방주의는 민주주의의 특정 형태다. 다원주의적 민주주의는 권력을 나누어 가지면서 상대적으로 독립적이면서 연관된 정부 구조, 그리고 이러한 정부 구조가 연방 국민들의 주권에 봉사하는 중첩적 상호작용을 제도화한 헌법 체계에 기초한다"(18). 즉 지방 분권화된 국가 구조는 '자유'와 '다원주의'와 같은 가치를 증진시키며, 이러한 가치는 민주주의와 상호 친화적이다. 이를 통해 권위주의로의 회귀를 저지할 수 있기도 하다. 따라서 지방 분권과 민주주의 발전은 상호 긍정적 관계라고 할 수 있다(Elazar 1991).

이와 같은 논리에 근거하여 다수 학자들은 실질적 주민자치를 보장하고 민주주의를 진전시키기 위해서는 한 국가 내에서 '수직적 분권화'(vertical decentralization), 즉 지방 분권이 이루어져야 한다고 주장한다. 즉 중앙 정부가 보유하고 있는 공공정책 결정 권한을 지방자치단체에 이전시켜 그들의 자율적 결정 권한을 보장해야 한다는 것이다.

그렇다면 지방 분권은 어떠한 형태로 이루어질 수 있는가? 학자들은 대체로 '행정적 분권'(administrative decentralization), '재정적 분권'(fiscal decentralization), 그리고 '정치적 분권'(political decentralization)으로 구분한다(Norris 2008).

첫째, '행정적 분권'은 정책결정의 권한, 공공서비스의 제공과 규제, 그리고 자원 확보의 책임을 중앙정부로부터 지방자치단체로 이전하는 것을 의미한다. 예를 들어 중앙 정부 행정부서의 정책 집행, 규제, 도시계획, 교육 프로그램 운용 등과 같은 행정 기능을 지방자치단체로 이전하는 것이다.

둘째, '재정적 분권'은 지방자치단체의 재정 자율성을 보장하는 것이다. 이를 위해 자원 확보와 배분과 관련된 결정 권한, 특히 독자적으로 세수를 확보할 수 있는 권한과 자율적으로 지출할 수 있는 상당한 권한을 지방자치단체로 이전한다. 예를 들어 지방자치단체가 독자적으로 세율(tax rate)과 과세 소득 구간(tax base) 등을 결정할 수 있어야 한다. 또한 지방자치단체가 신용 시장(credit market)에 독자적으로 접근할 수 있도록 하는 것도 재정적 분권화의 한 방법이다. 재정 충당을 위해 채권을 발행하거나, 혹은 금융기관으로부터 차입하거나, 이러한 방식을 통해 적자 재정 정책을 자율적으로 수립하고 집행할 수 있도록 하는 것이 예이다(Rodden 2004).

셋째, '정치적 분권'은 중앙정부의 정치적 권력과 책임을 지방자치단체에 이양하는 것이다. 정치적 분권은 공공서비스에 대한 지역의 자율적 권한을 강화하고 정치적 책임성과 대표성, 그리고 정책 결정 과정에서의 시민 사회 참여 확대를 목표로 한다. 이를 위해 지방자치단체장이나 지방 의회 의원을 중앙 정부가 임명하는 방식이 아니라, 해당 지역 주민의 민주적 '선거'를 통해 선출하도록 한다. 또한 지역과 관련한 정책 결정에의 '주민참여'를 법적으로 보장해야 한다. 이를 통해 자신이 거주하는 지역과 관련된 정책을 결정하고 집행과정에 참여함으로써 영향력을 행사할 수 있도록 해야 한다(Norris 164-166).

한국의 경우 이러한 관점에서 볼 때 여전히 중앙정부가 정책 결정과 자원 배분에 관한 상당한 권한을 배타적으로 독점하고 있는 국가 형태이다. 따라서 다수 학자들은 실질적 주민 자치와 민주주의 진전을 위해 헌법 등 관련 제도를 개정하여 중앙정부의 권한을 지방자치단체에 상당 부분 이전해야 한다고 주장한다.[3]

물론 지방자치와 그를 통한 민주주의 진전을 위해서는 현재의 지나친 중앙집권적 형태의 국가 구조를 바꿀 필요성은 있어 보인다. 그러나 헌법이나 여타 제도를 개정해 지방으로 권력을 분산하더라도 그 제도상 내용 그대로 지방자치가 작동하지 않을 것이라는 점을 분명히 할 필요가 있다. 즉 제도적으로 지방자치단체에 정책 결정의 자율성이 부여되어 있다 하더라도 다른 요인에 의해 제도적 자율성은 형식적인 것이 될 수 있다. 표면적으로 제도상 지방 분권적 체제를 운용하고 있다고 하더라도 그 실질적 운영을 보면, 그렇지 않을 수도 있다는 것이다. 즉 제도적 분권은 지방자치를 위한 '필요조건'에 불과하다.

따라서 분권과 주민 자치가 제대로 이루어지기 위해서는 제도와 더불어 '정치적 요인'(political factors)에 대한 고려가 필요하다. 특히 시민의 정치적 참여는 매우 중요한 요소이다. 제도적 분권이 주민자치를 위한 '필요조건'이라면, 참여는 '충분조건'인 것이다. 따라서 해당 지역의 '시민사회'(civil society)가 '정치적 참여'를 위한 성숙한 토양을 갖추고 있는가가 관건인 것이다. 예를 들어 지역에서 주민들은 다양한 공적·사적 집단으로 조직화되어 있어야 하고, 이 집단들이 지역 주민들을 동원(mobilization)함으로써 정책결정과정에 참여할 수 있도록 해야 한다. 지역의 결사체, 네트워크, 혹은 집단들은 주민들에게 참여의 동기를 부

---

3   한국의 지방분권을 위한 개헌론의 주요 내용은 다음과 같이 정리할 수 있다. 첫째, 지방자치단체 기관, 즉 의회와 집행 기관의 구성을 각 지역 단위에서 '자율적'으로 결정할 수 있도록 헌법으로 보장해야 한다는 주장이 있다. 둘째, 헌법 개정을 통해 지방정부의 '자치입법권'과 '행정권' 및 '집행권'을 실질적으로 보장하자는 것이다. 셋째, 헌법에 '재정분권화'를 명시하자는 주장이다. 지방자치단체가 자주적 재정권을 보유함으로써 스스로 자원을 마련하고 집행할 수 있을 때 비로소 지방자치가 성공적으로 정착할 수 있다는 것이다. 넷째, 지방자치단체의 국가입법 및 정책결정 참여를 헌법에 제도화해야 한다는 주장이다. 이를 실현하기 위해 지방자치단체 협의체에 법률안 제출권을 부여하거나, 지역대표로 구성하는 대의 기구를 별도로 구성해 현재 국회를 양원제로 변경하는 방안 등이 제시되고 있다. 또한 직접 민주주의를 강화하기 위해 헌법에 주민 참여의 다양한 방법을 명시하자는 주장도 있다(김병기 2007; 김성호 2007; 안성호 2007; 이기우 2008; 최봉석 2009).

여하거나 제도에 대한 교육을 제공할 수 있다. 이로써 비참여적 정치문화를 참여적 정치문화로 변화시켜, 주민 자치를 실질적인 것으로 만들 수 있는 것이다(Abers 2000; Heller et al. 2007; Seddon 1999).

그러나 한국의 경우 주민 자치를 위해 필요한 시민사회의 성숙도와 주민참여가 현저히 낮은 수준인 것이 사실이다. 다수 연구들은 이를 증명하고 있다. 첫째, 한국 시민들은 주민 자치 실현에 필요한 능동적 참여의 정치문화를 내재화하고 있지 못하다는 것이다(박종민 외 2001). 또한 다수 시민들에게서 적극적 참여를 유발할 수 있는 가치인 정치적 효능감, 정치·사회적 신뢰, 정치적 관심, 그리고 시민적 의무감 등을 발견하지 못하고 있다(김태종 외, 2006).

'사회적 자본'(social capital) 개념을 활용해 한국 시민들을 연구한 결과도 마찬가지이다. 사회적 자본은 "사회 구성원들이 공동의 목표를 추구할 수 있는 연계망(networks), 규범(norms), 신뢰(trust)"라고 정의할 수 있다(Putnam 2001). 그러나 한국의 지방 수준에서의 시민사회는 이러한 사회적 자본을 갖추지 못한 것으로 나타나고 있다(김태종 외 2006). 지역에서의 사회적 자본 부재는 주민 자치의 실질적 운영을 어렵게 하는 요인으로 작용하고 있다고 할 수 있다.

따라서 헌법이나 제도를 분권적 형태로 변경하여 지방단위로 정책 결정 권한이나 재정권을 대폭 이양한다 하더라도 시민의 '정치적 참여'와 같은 요인들이 전제 조건으로 충족되지 않는 한 명실상부한 지방 자치는 불가능할 것이다. 그러한 형식적 분권 제도는 지방자치단체나 관료, 지역 소수 엘리트들의 권력을 강화시킴으로써 오히려 민주주의를 퇴행시키게 될 것이다.

2. 시민의 정치적 참여

앞서 지적한 대로 제도적 분권 그 자체로는 주민 자치의 내용을 보장해주지 못한다. 오히려 더 중요한 것은 시민의 '정치참여'라고 할 수 있다. 시민의 정치참여는 어떻게 정의할 수 있을까? 헌팅턴과 넬슨(Huntington and Nelson 1976)에 의하면 정치참여는 '정부의 정책결정에 영향을 미치려고 의도하는 일반 시민들의 행위'라고 정의할 수 있다.

이와 같은 정치참여는 다양한 형태로 나타날 수 있다. 헌팅턴과 넬슨은 정치참여를 시민들의 선거운동활동, 대의회 입법활동, 조직활동, 공무원 및 정치인 접촉, 그리고 폭력 등으로 유형화 한다. 버바와 나이는 투표, 선거운동, 단체 가입 및 활동, 그리고 공무원과의 접촉 등으로 분류한다(Verba and Nie 1975). 이와 같이 볼 때 지역에서 자신들에게 영향을 미치는 정책 결정에 참여하거나 스스로 결정하는 주민 자치 역시 정치참여의 한 형태라고 할 수 있을 것이다.

그렇다면 시민들의 정치참여에 영향을 미치는 요인들은 무엇인가? 그들의 참여 동기는 무엇인가? 여러 가지 요인들이 복합적으로 작용할 가능성이 높다. 개인의 사회경제적 요인, 이익(interest) 혹은 가치(value), 인지적 학습과정, 주거 관련 변수들, 심리적 요인, 그리고 제도적 요인들이 그것이다. 개인의 사회경제적 요인과 환경적 요인과 관련해 버바와 나이의 연구는 유용한 관점을 제시한다. 그들은 그 요인들을 크게 두 가지로 나눈다. 시민 개인의 사회경제적 변수(Socio-Economic Status: SES)와 제도적 변수가 그것이다. 첫째, 개인의 사회경제적 변수는 교육수준, 소득수준, 직업, 그리고 연령과 성(性)이다. 둘째, 제도적 변수의 경우 자발적인 단체 가입과 거주지역사회의 성격 등을 들 수 있다. 특히 사회경제적 변수 중 교육, 소득, 직업 변수는 일종의 '시민의식'

형성에 영향을 준다. 시민의식은 지역 사회 문제에 대해 적극적이고 참여적인 태도를 갖는 것으로 정치적 관심, 정치적 지식, 정치적 효능감,[4] 지역 사회에의 기여감 등으로 정의된다. 버바와 나이의 연구 결과에 의하면 소득이 높고, 교육수준이 높으며, 상위 직업을 갖은 사람이 시민의식을 가질 가능성이 높으며 이러한 시민의식은 정치참여에 긍정적 영향을 준다(Verba and Nie 1972).

　이외에도 다양한 요인들이 시민의 정치참여에 긍정적 영향을 미치는 것으로 나타나고 있다. 첫째, ʻ주거 요인ʼ도 참여 동기를 형성한다. 예를 들어 ʻ거주 기간ʼ과 같이 주민들이 지역과 직접적인 관련성을 갖는 변수들이 주민참여에 강한 영향력을 행사한다. 거주 기간이 길수록 이웃과 네트워크를 형성하거나 지역 단체에 가입해 활동할 가능성이 높고, 지역 사회에 대한 관심도 높아질 수 있다(Conway and Hachen 2005; Mesch and Schwirian 1996). 버바와 나이(Verba and Nie 1972)도 주민들이 공식적·비공식적 집단에 가입할수록 정치 참여가 활발해진다고 주장한 바 있다. 그 이유로는 첫째, 단체에 가입하면 단체의 영향으로 정치참여에 적극성을 가질 수 있다는 점, 둘째, 단체에 가입하면 회원 신분을 활용하여 용이하게 정치에 참여할 수 있으며, 셋째, 대체로 단체들은 회원들의 정치 참여를 독려한다는 것이다.

　둘째, ʻ심리적 요인ʼ도 주민들의 정치 참여에 영향을 미칠 수 있다. 예를 들어 ʻ동네 애착심ʼ(neighborhood attachment)이 높은 주민들은 이웃과 긴밀한 유대 관계를 형성하거나 지역 단체나 조직에의 참여에 적극적일 가능성이 높다. 또한 지역 공동 현안에 대해 관심을 갖고 해결하고자 하는 의지를 가질 가능성도 높다. 마지막으로 이와 더불어 지역의

4　ʻ정치적 효능감ʼ(political efficacy)은 ʻ주민 자신이 정치과정이나 정책결정과정에 영향을 미칠 수 있다는 느낌ʼ이다.

'조직 특성'도 고려해야할 요인이다(Wandersman and Florin 2000). 지역 조직이 상당 정도 수준으로 조직화되어 있고, '리더'(leader)가 적극적으로 회원들에게 참여 동기를 부여할 경우 주민들의 정치 참여 수준이 제고될 가능성이 높다고 할 수 있다.

그렇다면 한국의 경우는 어떠한가? 한국에서도 많은 학자들이 이와 같은 이론적 논의에 근거해 정치참여에 영향을 미치는 요인을 추적하는 실증적 연구를 축적해왔다. 그러나 그 결과는 논쟁적이다. 우선 개인의 사회경제적 배경과 관련하여 성별의 경우 남성의 참여도가 높다는 주장(양덕순 · 강영순 2008)이 있는가 하면, 관련성이 없다는 주장도 있다(김동근 2011). 소득 변수의 경우도 적지 않은 연구들이 주민 참여와 관련이 없다는 결과를 보고하고 있다.

'연령'의 경우 대부분 고연령일수록 참여도가 높다는 결과를 보여준다(김동근 2011; 이지혜 외 2009). 그러나 또 다른 연구는 특정 연령, 즉 40대의 정치 참여가 가장 활발하다는 결과도 제시하고 있다. '교육 수준'에 관한 연구 결과도 논쟁적이다. 고학력층의 참여도가 높다고 주장하는 연구(곽현근 · 유현숙 2005)도 있는 반면, 학력과 참여도간에는 관계가 없다는 경험적 연구 결과도 있다(정하용 2007). '직업' 변수도 마찬가지이다. 지역 활동이 비교적 활발한 주부의 참여도가 높다고 주장하는 학자도 있으나, 그보다는 농업인 및 자영업 종사자들의 주민 참여가 높고, 학생과 회사원, 그리고 주부의 참여도는 낮다는 연구 결과도 있다(문상필 2002).

이와 같이 주민들의 정치 참여 동기에 영향을 미친다고 간주되었던 전통적인 개인의 사회경제적 변수, 즉 성별, 연령, 소득수준, 교육수준과 같은 변수들은 한국 사례에서의 설명력에 대해 논쟁적이거나 의미가 없는 것으로 나타나고 있다.

반면 '거주 기간'과 관련해서 다수 연구들은 거주 기간과 주민 참여도 간에 긍정적 관계에 있다는 결과를 제시하고 있다(곽현근·유현숙 2005; 이지혜 외 2009). 또한 심리적 요인으로서 '지역사회에 대한 관심' 혹은 '지역에 대한 애착심'은 주민 참여에 결정적 영향을 미치는 요인이라는 사실에도 이의가 없는 듯하다(곽현근·유현숙 2005; 김동근 2011; 김흥순·원준혁 2013; 양덕순·강영순 2008; 이병용 2006). 서재호(2013)도 주민자치회에 참여한 주민들에 대한 분석에서 '공동체'의식이 중요하다는 결과를 보고한 바 있다. 구체적으로는 충족감, 연대감, 소속감 및 상호영향의식이 참여에 긍정적인 영향을 미쳤다는 것이다.

한국 사회에서 주민참여에 영향을 미치는 것으로 밝혀진 또 다른 요인은 '이익'(interest) 혹은 '이해관계'이다. 김흥순과 원준혁(2013)은 서울의 마을 만들기 3개 시범지역을 대상으로 어떤 요인이 참여에 영향을 미쳤는가에 대해 연구한 바 있다. 그들의 다음과 같은 평가는 주목할 만하다.

"모든 인구집단은 자신들의 이해관계에 기반해서 개별 계획요소들의 의의를 평가하고 있음이 확인되었다. 예를 들어 담장 허물기와 주차공간 확보에 대한 지지는 소득수준에 반비례하는 것으로 나타났다. 주차장의 확보가 저소득층에게는 절실하지만 고소득층에게는 불필요하기 때문이다. 차량을 소유한 집단은 원활한 통행을 위해 골목길 정비를 원하지만 차량을 소유하지 않은 집단에서는 그 필요성이 높지 않게 나타났다. 단독주택 거주자들이 담장 허물기를 선호하는 반면, 리모델링에 대한 관심은 연립 등 공동주택 거주자들에게 더 높다는 점, 단독주택을 활용한 빈집활용에 대한 단독주택 거주자들의 부정적 반응, 연립 등 기타 유형 주택거주자들의 사업에 대한 냉담한 반응 등은 모두 자신들의 이해관계에서 사업을 바라보는 주민들의 인식을 보여주는 구체적인 예라고 할 수 있다"(108).

즉 주민들은 특정 제도나 사업이 자신들에게 '혜택'을 가져다준다고 인식할 경우, 적극적으로 참여할 가능성이 높아진다는 것이다. 이는 다른 다수 사례 연구에서도 증명되고 있다(양승필 2012).

주민 참여를 보다 종합적인 요인들을 동원해 경험적으로 분석한 연구들 중에 주목할 만한 연구는 김혜정(2012)과 류영아(2013)의 논문이다. 먼저 김혜정(2012)은 시민역량과 시민적 태도, 공직자의 태도 및 제도적 요인들이 참여에 영향을 미친다는 사실을 발견한다. 시민역량 중 참여기술[5]의 결여는 가장 난이도가 낮은 투표참여에 머무르게 한다. 지역공동체 참여 경험은 다양한 형태의 참여활동을 가능하게 하는 주요 역량으로 작용한다. 시민의식은 자아실현 및 지역사회발전을 위한 참여활동에 관계하도록 작용한다. 또한 시민태도로서 정치효능감은 난이도가 높고 적극성을 요하는 형태의 참여에 긍정적 영향을 미치는 것으로 나타났다. 지역사회에 대한 만족도가 높을 경우에도 시민단체와 같은 집합적이고 공익적 활동에 적극적일 수 있다. 반면 공직자의 대응성이나 제도적 측면에서 참여프로그램이 미흡할 경우 공식적 참여를 저해할 수 있다는 것이다.

류영아(2013)도 복지사업의 성공 요인을 분석한 논문에서 다양한 변수를 활용하고 있다. 그는 주민참여 동기를 리더요인, 상호작용요인, 주민요인, 운용요인으로 나누어 분석하고 있다. 먼저 리더요인은 리더십에 관한 것으로 제도에 대해 지방자치단체장 혹은 관계 공무원이 관심으

5　시민 역량으로서의 참여기술은 '정치 정보를 획득 및 가공하는 능력 및 정부에 의견을 반영하기 위한 의사소통의 채널 및 접근방법에 관한 지식'으로 정의할 수 있다(김혜정 2013: 217).

로 가지고 있는지 여부이다. 둘째, 상호작용 요인은 제도의 이해관계자 간 의사소통이 충분한지이다. 셋째, 주민이 사안이나 제도에 대해 관심을 가지고 있는지, 그리고 주민을 대상으로 홍보가 잘 되었는지 여부이다. 마지막은 운영요인으로 예산과 담당인력이 충분한지와 관련된 것이다. 그는 설문조사 결과를 바탕으로 주민 자치―특히 복지서비스 전달 분야―성공 요인으로 '의사소통', '기관 및 단체 간 협조', 그리고 '주민 관심 제고를 위한 홍보'가 중요하다는 결론을 내린다.

마지막으로 한국 사례에서 중요한 요인으로 간주되고 있는 것은 '제도'에 대한 이해 정도이다. 앞서 지적한 대로 주민자치를 위한 필요조건은 정책 결정 권한을 지방으로 이양하는 분권이고 이를 위한 제도 도입이다. 이러한 제도의 도입은 분명 주민 참여의 동기가 될 것이다. 그러나 제도 도입 자체가 자동적으로 주민 참여를 유도하는 것은 아니다. 제도에 대한 이해가 전제되지 않는다면 참여도는 낮은 것으로 나타나고 있다. 반면 제도에 대한 이해도가 높다면 주민 참여가 활성화될 가능성 높다(하정봉 · 길종백 2013).

다음에서는 나름대로 주민자치를 성공적으로 정착시켜온 우리나라 사례를 살펴볼 것이다. 앞서 살펴본 바와 같이 한국의 경우 상당히 중앙집권적 국가 구조와 제도를 운영하고 있다. 또한 주민 자치를 위한 시민적 참여 정도가 매우 낮은 단계에 머물러 있다. 그럼에도 시민들이 적극적으로 참여함으로써 실질적인 자치를 정착시켜온 사례를 적지 않게 발견할 수 있다. 따라서 이러한 사례를 살펴봄으로써 그 성공 요인을 찾아보고자 한다. 성공 사례에서 공통적 요인이 존재한다면 제도적 분권이 반드시 전제되지 않더라도 주민 자치를 정착시킬 수 있는 대안이 제시될 수 있을 것이다.

III. 주민자치 성공 사례

한국의 주민자치 성공 사례를 공동체 주민자치, 주민참여예산제, 그리고 주민자치센터 세 가지 유형으로 분류하여 대표적 사례를 간략히 요약하면 다음과 같다.

1. 공동체 주민자치

1) 부산 물만골 마을[6]

물만골 마을은 도시 생태마을 조성으로부터 출발한 자치공동체이다. 1980년 초 철거문제 등 주민들의 현안을 공동으로 대응하기 위해 협동회를 구성하고 1995년 개발조합으로 발전한 것이 시초이다. 1999년 2월에는 '주민총회'를 거쳐 지역의 자생단체와 통·반 조직의 연합을 형성하여 운영위원회를 구성하게 됨으로써 본격적인 주민자치를 시작하게 된다.

물만골 마을은 일종의 '정부' 형태와 같은 자치 기구를 갖추고 있다는 점에서 매우 높은 수준의 주민자치 형태를 보여주고 있다. 예를 들어 모든 주민이 참여할 수 있는 '주민총회', 대의기구인 '대의원회', 집행부 역할을 하고 있는 '운영위원회'가 그것이다.[7] 이밖에도 자치조직인 청년회, 노인회, 부녀회 등이 있고, 기능별 조직인 자활사업단, 주민학교, 환경지킴 조직등도 구성되어 활동하고 있다.

이들의 자치활동은 다양하게 이루어지고 있다. 첫째, 주민행사로서 신년하례회, 대동제, 마을 풍물놀이 등이 그 예이다. 둘째, 공동체 사업

---

6   부산광역시 연제구 연산2동 산 176번지 일대.
7   주민총회와 27명으로 구성된 대의원회의는 매월 25일에 개최되며, 6명의 운영위원회는 수시로 회합을 갖는다.

이다. 대표적 사례는 음식물 쓰레기 자원화 사업으로 음식물을 퇴비 및 사료화 하여 자체 가축을 사육, 수입을 창출하고 있다. 또한 폐지, 고철 등의 자원재활용 사업도 공동으로 진행되고 있다. 특기할 만한 사실은 이러한 사업으로 창출된 이윤을 공동으로 분배함으로써 주민들의 소득에 기여하고 있고, 또한 일자리 창출 효과도 동시에 가져오고 있다는 것이다(김찬동 2012).

2) 서울 성미산 마을

서울 마포구 성미산 지역에 위치한 성미산 공동체는 1990년대 중반 육아문제를 공동으로 해결하고자 설립한 '공동육아 어린이집'과 2000년 초반 먹거리 문제를 해결하기 위해 공동구매를 위해 설립한 '생활협동조합'이 그 시초이다(유창복 2009). 이러한 초기적 형태의 주민자치는 2001년부터 2003년까지 전개된 성미산 개발 반대와 생태 가치지키기 운동을 거쳐 공동체 연대의식 강화로 더욱 발전하게 된다.

이 마을에서의 자치활동 중 특징적인 것은 다음과 같다. 첫째, 어린이집과 '대안학교'의 운영이다. 즉 공동 육아로부터 대학 이전까지의 교육을 체계적으로 실시함으로써 공교육과 함께 다양한 교육 환경을 조성하고 있다. 둘째, 생활협동조합이다. '개방적' 형태의 주민 조직인 이 조합은 먹거리나 생필품 공동구매 뿐만 아니라, 바느질과 비누 생산과 같은 수공예를 중심으로 한 일자리 창출을 위한 공동체 조직 운영이 두드러져 보인다. 셋째, '마포연대'의 설립이다. 이 조직은 관할 지방자치 단체인 구의 행정을 감시하고 자신들의 거주지인 성미산과 관련된 생태 보호하기 위해 만들어져 활동하고 있다(김찬동 20120).

3) 서울 논골 마을[8]

주민자치가 매우 높은 수준에서 이루어지고 있는 또 다른 곳은 서울 '생명 · 자치 · 살림 성동주민회'이다. 1980년대 후반 빈민 운동으로부터 시작된 주민자치는 1990년 초반 재개발과 이 지역 세입자들을 중심으로 구성된 반대 과정을 거치면서 본격화되었다. 임시 주거지에 거주하게 된 그들은 주민 지도자와 활동가가 주축이 된 '주민협동공동체 실현을 위한 금호 · 행당 · 하황지역 기획단'을 구성하게 되고 이것이 주민자치의 본격적 출발점이 된다. 주민들이 직접 봉제공장을 운영하고, 생활협동조합을 설립하여 우리 먹거리 소비 운동을 전개한다.

이 공동체 자치의 특징적 조직은 '신용협동조합'이다. 주민들이 자금을 모아 정부의 허가를 받아 설립한 조합으로서, 조합원들에게 소규모 대출을 해주는 상호 부조의 공동체 금융기관인 것이다. 이 조합은 계속적인 성장으로 200억 원이 넘는 자본금을 갖추게 된다. 또한 신용협동조합을 주축으로 생활협동조합 설립, 지역 노인들에게의 급식 실시, 주민회 개최 활동을 펼치고 있다(김찬동 2012).

4) 서울 장수 마을[9]

장수 마을은 2004년 서울시 도시주거환경정비계획에 의해 재개발 예정 구역에 편입되면서 주민자치가 본격화된 사례이다. 주로 고연령, 저소득층의 소유주나 세입자들이 거주하고 있던 지역으로 외지로 이주할 수 없던 상황이었다. 최초 재개발과 거주민 이주 문제가 해결되지 못하던 상황에서 2008년 주민이 참여하는 '주민워크샵'이 진행되면서 문제 해결의 급진전을 보이게 된다. 이 모임을 통해 지역에 맞는 개발 방식과 현안

8 　서울특별시 성동구 금호동, 행당동, 하왕십리동 접경 지역.
9 　서울특별시 성북구 삼선동 300번지 삼선 4구역.

에 대한 소통이 이루어지고 해결 방안도 모색할 수 있게 되었다. 나아가 2009년 '주민총회'를 개최하여 재개발 예정 구역 해제 및 주거환경개선 사업지구로의 지정을 지방자치단체에 요구하는 방안을 의결하게 된다. 또한 '주민 총회'를 통해 주민대표조직인 '삼선4구역주민협의회'를 구성한다(남철관 2009).

　이 과정에서 지역기업과 단체들이 큰 역할을 수행한다.[10] 2008년 이들은 일종의 네트워크를 형성, '동네목수'라는 마을 기업을 만들게 된다. 이 기업은 노후주택의 리모델링과 집수리, 그리고 빈집의 공동시설화 사업을 중점적으로 하게 된다. 특기할 만한 사실은 집주인과 세입자 모두 이 기업에 참여하여 활동을 함께 한다는 것과 일자리 창출에도 기여하게 되었다는 점이다. 이러한 단체들은 '주민 총회'에의 주민 참여 독려, 그리고 재개발 방식 둘러싼 주민 논의에 전문성을 제공하는 역할을 적극적으로 수행한다.

5) 기타 마을 만들기 주민 자치 성공 사례

지금까지 살펴본 공동체 자치 성공 사례들은 비교적 주민자치의 내용과 수준이 높은 사례이다. 이들보다는 자치의 수준이 낮거나 그 내용이 한정되어 있으나, 매우 성공적인 형태로 발전하고 있는 사례들도 발견할 수 있다. 서울 은평구 갈현동 갈곡마을 놀이터 공원화 사업, 동작구 상도동 성대골 마을의 어린이 도서관 사업, 도봉구 방아골마을의 문화마을 사업, 관악구 봉천동의 임대아파트 마을의 공부방 사업, 부산 사하구 감천동의 문화마을 조성과 마을 기업 사업 등이 그것이다(김찬동 2012).

　이들 사례는 앞서 약술하였던 물만골과 성미산 공동체, 논골 신협

10　이에 참여한 단체들은 주거권운동네트워크, 성북 나눔과 미래, 그리고 인권운동사랑방 등이다.

등에서 볼 수 있는 높은 수준의 자치 혹은 조직 구성 수준을 보여주지는 못하고 있으나, 나름대로 마을 만들기와 관련된 특정 현안에서 주민의 참여가 두드러진다는 사실을 발견할 수 있다. 이 사례들에서 특기할 만 한 점을 도출해 보면 다음과 같다. 첫째, 주민 자치가 시작되는 시점에서 시민단체 및 네트워크의 역할이 컸다는 점이다. 갈곡마을의 '열린사회 시민연합 은평지부', 성대골 마을의 '희망동작네트워크', 방아골마을의 경우 지역 청년 모임인 '문화마을' 등이 그것이다. 둘째, 정부의 재정적 지원도 중요한 역할을 했다. 예를 들어 감천마을의 경우 부산시 사하구의 창조도시 조성사업 지역으로 지정되고 그 이후 여러 차례 정부의 재정적·행정적 지원을 받으면서 주민참여형 마을재생 사업이 성공한 사례이다.

2. 주민참여예산제

주민참여예산제는 시민참여를 확대함으로써 재정운영의 투명성과 공정성을 높이고, 예산에 대한 시민 통제를 통해 책임성을 제고하기 위해 도입된 제도다. 이를 위해 『지방재정법』을 개정하여 2011년 9월부터 의무화됐다. 그러나 이전부터 지방자치단체 자체적으로 주민들을 예산정책 결정과정에 참여시켜 제도화시킨 성공 사례들이 있다. 광주광역시 북구와 울산광역시 동구, 그리고 서울시 은평구가 대표적이다.

1) 광주광역시 북구

광주광역시 북구는 주민참여예산제가 제도적으로 의무화되기 이전인 2003년부터 실시해 주목을 받았다. 2004년부터는 이와 관련된 조례를 몇 차례 제정하여 제도를 확대·실시해오고 있다. 물론 시행 초기에는 걸

림돌이 많았다. 예를 들어 지방자치단체 공무원들의 부정적 시각이 존재
했고, 이에 참여하는 시민들의 전문성도 부족했다(정동규 2010). 이를 극
복한 것은 자치단체장인 구청장의 의지였다. 공무원들의 인식전환을 위
한 토론회, 지방의회와의 간담회 등을 개최함으로써 제도 도입에 대한
반감을 해소했다. 또한 참여 주민들의 전문성 부족 문제를 해결하기 위
해 '주민예산학교'를 운용하기도 했다.

　이와 같은 과정을 거쳐 북구의 주민참여예산제는 안정적으로 정착
하고 있다. 주목할 만 한 점은 시민들의 참여를 보장하는 제도를 다양하
게 운영하고 있다는 점이다. 예를 들어 '예산참여시민위원회'는 100명
이내로 구성하되, 각 소단위 지역에서 3명, 단체 대표 등을 추천을 통해
선출함으로써, 지역 및 단체 대표성을 확보하도록 하고 있다. 또한 동별
로 7-8명 정도 참여하는 '예산참여지역회의'를 두어 시민위원 추천과 지
역주민의 의견 수렴 기능을 수행토록하고 있다. '주민참여예산제연구회'
는 전문가와 공무원, 그리고 기초의원들로 구성하여 전문성 제공과 구
의회와의 협조 역할을 맡도록 하고 있다. 마지막으로 '예산참여민관협의
회'는 '시민위원회'와 자치단체 간 예산 편성 관련 사안을 조정하고 심의
한다. 시민위원회 대표와 자치단체장, 관련 공무원으로 구성된 협의기구
인 것이다(곽채기 2007; 장노순 2006; 정동규 2010).

2) 울산광역시 동구

울산광역시 동구 참여예산제도도 성공 사례로 꼽힌다(안성민 · 이영
2007; 장노순 2006). 이 사례 역시 지방자치단체장인 구청장의 적극적 의
지가 중요하게 작용했다. '주민참여예산연구회' 및 '주민참여예산추진단'
을 구성하였고, 공무원에 대한 마인드 전환교육, 구의회와의 간담회 등
으로 통해 제도 실시의 토양을 마련했고, 2004년 6월 관련 조례를 제정 ·

공포하게 된다.

그 조직 구성과 운영은 광주광역시 북구와 매우 유사한 형태이다. '시민위원회'는 100명 내로 구성하되, 50%는 주민들의 신청을 받아 충원하고, 나머지는 동 단위 주민자치위원회와 지역 각 단체들의 추천을 받은 사람들로 구성한다. 동별로 원하는 주민 누구나 참여할 수 있는 '참여예산지역회의'도 조직하여, 해당 지역의 의견을 수렴하는 기능을 담당하도록 했다. 또한 예산안을 총괄·심의·조정하는 '주민참여예산협의회'를 두었다. 여기에는 자치단체장과 예산 관련 공무원, 그리고 시민위원회 대표가 참석한다. 특기할 만한 사실은 제1차 시민위원회 공개모집에서 50명 모집에 128명이 신청했을 정도로 주민들의 적극적 참여를 유도했다는 점이다. 그리고 시민위원회 회의에의 시민 참여율도 70%를 상회하고 있다. 또한 2004년부터 2006년 3년간 177건의 사업이 주민들에 의해 제안되었고, 그 중 80건이 부서 예산안에 포함되었으며, 최종적으로는 29건이 구 예산으로 결정된다(안성민·이영 2008).

울산 동구와 광주광역시 북구의 주민참여예산제는 거의 유사한 형태이나, 차이점도 있다. 예를 들어 광주 북구의 경우 협의회에서 예산안을 결정할 수 있도록 하고 있으나, 울산 동구의 경우는 협의회 조정이후 시민위원 모두가 참여하는 총회에서 결정한다. 따라서 울산 동구의 경우가 광주 북구에 비해 시민들에게 더 많은 권한을 부여하고 있다고 할 것이다(안성민·최정민 2009).

3) 서울특별시 은평구

서울특별시 은평구의 주민예산참여제는 2010년부터 관련 조례를 제정함으로써 본격적으로 시작된다(김우영 2013). 2011년 120명의 주민참여위원을 구성하였고, 전국 최초로 주민 700여 명이 참여한 참여예산 '주민총회'를 개최하였다. 여기서는 16개동 24개 주민제안사업에 대해 주민투표가 실시되었고, 최종적으로 20개 사업을 선정한다. 2012년에는 동별 투표인단과 주민참여위원 등 총 1,700여 명이 참석하여 현장 투표를 실시했다. 또한 '지역회의'를 열어 주민들이 직적 사업을 제안하였고, 동별 2개 사업을 선정하여 주민총회의 안건으로 제출하기도 했다. 2012년 지역회의에 참가한 누적 주민 수는 총 3,000여 명이었다. 이와 같은 과정을 통해 2년간 약 20억 원에 해당하는 37개 사업이 구 예산에 반영되었다.

이 사례에서 주목할 만 한 점은 참여예산 주민제안사업에서 주민들이 모바일투표를 실시할 수 있도록 한 사실이다. 주민총회에 참여하기 힘든 직장인, 학생 등의 참여 통로를 마련해주기 위한 조치로서 스마트폰으로 QR코드(Quick Response Code)를 사용하거나 구청 모바일 홈페이지에 접속해 투표를 할 수 있도록 했다. 이러한 방식을 통해 2012년 11,080명이 참여했고, 2013년에는 모바일, 인터넷 투표를 합쳐, 총 33,000여 명이 참여했다(윤석인 2014: 34).

3. 주민자치센터

정부의 읍면동 기능전환 정책에 따라 1999년부터 도시지역 등에, 그리고 2001년부터 농촌지역에 주민자치센터가 설치되어 운용되고 있다.[11] 정책의 목표는 주민참여 확대를 통한 주민자치의 실현과 지역 공동체의 활성화였다. '주민 스스로 지역문제를 풀어가는 주민자치 기능의 구심체 역할을 수행'하도록 설계된 것이 주민자치센터였던 것이다. 그리고 주민

---

11   2000년 11월 국회에서 '주민자치센터의 설치·운영에 관한 지방자치법개정안'이 발의되었고, 지방자치단체의 자치사무의 일환으로 시작된 것이다.

자치센터에 자치위원회를 두고 이들이 관할 지역 내에서 문화여가 활동, 사회교육 진흥, 지역복지 향상, 주민편익 기능을 수행할 수 있도록 했다 (박세정 2007). 그러나 대부분의 주민자치센터와 주민자치위원회의 스포츠 및 여가 프로그램에만 치중할 뿐, 주민자치라는 애초 역할이 활성화되고 있지 못한 실정이다.

자치위원회는 2010년 '지방행정체제 개편에 관한 특별법'을 통해 구역 내 주민화합 및 발전을 위한 사항, 지방자치단체가 위임 또한 위탁하는 사무의 처리에 관한 사항, 그 밖에 관계 법령, 조례 또는 규칙으로 위임 또한 위탁한 사항을 처리하도록 했다. 그 자치의 내용이 확대된 것이다. 하지만 여전히 활성화되고 있지 못하다. 프로그램은 단순한 여가활동 중심의 문화프로그램에 집중되어 있고, 실질적인 자치에 관한 내용의 편성은 매우 낮게 나타나고 있다. 그럼에도 불구하고 일부 지역에서 주민자치센터와 자치위원회가 적극적인 주민참여를 이끌어내면서 성공적으로 운영되고 있는 사례를 발견할 수 있다.

1) 서울 은평구 역촌동 주민자치회

역촌동 주민자치회 주도로 '역마을협동조합'을 설립하여 비교적 성공적인 주민자치를 이끌어낸 사례이다. 동 주민 400여 명이 10만 원씩 출자해 자본금 4,000만 원 규모의 마을기업 협동조합을 만들었다. 공동구매와 판매 바자 등을 통해 수익을 창출하려는 시도였고, 나아가 이에 근거하여 역마을을 조성했다. 주민들이 협동조합을 통해 운영하는 사업은 크게 공동구매, 자원재활용, 거주자 주차관리 등이다. 주민들은 은평구와 자매결연한 농가와 직접 계약해 농작물을 사들이고, 조합원들은 시중가격의 80% 가격에 구입한다. 또한 주민들은 파지 등을 주워 생계를 잇는 노인들로부터 재활용 쓰레기를 수집해 판매하고 노인들에게 판매 이익을 돌려주는 사업도 진행한다. 각 가정에 재활용 박스를 제공해 재활용 쓰레기를 수거한 뒤 공동 창고에서 처리해 수익을 올리는 등의 자원재활용 사업도 벌이고 있다. 또 최근에는 서울시 시범마을로 지정돼 주민들이 서울시 시설관리공단에서 위탁받아 거주자 주차관리 사업도 진행하고 있다(서울신문. 2013.11.13).

2) 서울 마포구 성산2동 주민자치센터

또 다른 성공 사례는 마포구 성산2동 주민자치센터의 '북스타트'(Book Start)사업이다. 2009년 주민자치센터는 영유아들이 도서를 가까이 하고 관심을 갖게 하기 위해 운동을 시작하였다. 자금은 지역민들에게서 도서를 기증받아 주민센터의 성메작은도서관 '장터'를 통해 판매하는 형식으로 마련하였다. 이때 주민자치위원회도 역할을 담당하게 된다. 북스타트 운동을 알리는 포스터 등을 제작하여 홍보하였고, 각 아파트관리사무소 및 종교시설을 도서 기증의 장소로 활용하기도 했다. 또한 학교나 출판사에 공문을 발송해 북스타트 운동의 취지를 알리고 도서를 기증받기도 했다. 이를 통해 지역 영유아를 유한 도서 마련과 프로그램 운영을 활성화하고 있다.

이 같은 성산2동 주민자치센터의 북스타트사업은 마포구내 타 주민자치센터의 사업으로 확산되고 있다. 예를 들어 2013년 마포구는 '북스타트 시범사업'을 관내 망원2동 주민센터의 아름드리 작은도서관 등 총 5개 주민센터 도서관에서 실시하게 된다. 또한 관련 프로그램을 운용할 자원활동가를 모집해 양성교육도 진행한다(아시아경제. 2013.7.8).

3) 주민자치센터의 복지기능 강화 사례

기초자치단체 주도로 자신들의 일부 권한을 주민자치센터로 이전해 그 역할과 기능을 활성화한 사례도 찾아볼 수 있다. 예를 들어 서울시 노원구, 성북구, 인천 남동구 등은 지방자치단체의 복지사무 주체를 구에서 동(洞)으로 이전해 성공한 사례로 평가받고 있다. 노원구의 경우 2010년 동 사회복지담당 인력을 증원하고 구청 인력도 동으로 배치해 주민자치센터의 복지 서비스 제공 기능을 강화했다. 또한 조례 제정을 통해 통장들에게 복지사각지대의 발굴, 복지제도 홍보 등의 역할을 맡긴 것도 주목할 만하다.

성북구의 경우는 복지 서비스의 효율적 전달을 위한 민관 협의체 구성이 눈에 띤다. 동네 실정에 밝은 주민들이 참여하는 '동 복지협의체'를 구성해 복지사각지대를 찾아내고 동 특성에 맞는 복지 재원을 필요한 가정에 전달하는 역할을 하도록 하고 있는 것이다. 또한 복지아카데미, 토론회, 사례발표회 등을 개최해 복지 현안과 문제점에 대한 소통의 장도 마련하고 있다. 인천 남동구의 경우도 지역의 소단위인 동 특성에 맞게 복지제도의 혜택을 전달하기 위해 동별로 15명 내외로 구성된 민관 협의체인 '동복지위원회'를 운영하고 있다. 이들의 임무도 서울 성북구와 마찬가지로 복지사각지대 발굴, 동 특성에 맞는 복지재원의 전달 등으로 매달 1회 정기회의를 갖고 있다. 이 위원회는 이 외에도 '나눔 운동'을 전개하여 후원금 모금을 통해 지역의 저소득층을 지원하는 활동도 하고 있다(윤석인 2014: 106-109).

IV. 무엇을 어떻게 할 것인가?: 주민자치를 위한 대안

유엔개발계획에서 천명한 바와 같이 인간 삶의 질을 향상시키고 지속가능한 발전이 되기 위해서는 주민들이 자신의 삶과 관련된 정책 결정 과정에 '참여'하여 스스로 결정하는 주민자치가 이루어져야한다. 그리고 이를 위해서는 주민들이 실질적 권한을 가져야 하며, 따라서 제도적 지방 분권화는 주민자치를 위한 필요조건이라 할 것이다. 즉 앞서 살펴본 바와 같이 지방 분권의 세 가지 유형인 행정적·재정적·정치적 분권화가 제도 변경을 통해 선행되어야 한다. 그러나 역시 앞서 밝힌 바와 같이 제도상 분권화 그 자체로는 실질적 주민자치를 보장하지 못한다. '참여'의 활성화가 성공적인 주민자치의 충분조건인 것이다. 나아가 한국과 같이 중앙집권화된 제도적 구조 내에서도 참여가 활성화된다면, 성공 사례에서 본 바와 같이 상당 정도의 주민자치가 이루어질 수도 있다. 이러한 문제의식을 근거로 다음에서는 어떻게 주민참여를 유도하여 주민자치를 정착시킬 것인가에 관한 몇 가지 대안을 제시해보기로 하겠다. 물론 제시되는 대안들은 앞서 논의한 한국 사례에 대한 실증적 연구 결과들과 성공 사례로부터 도출된 것이다.

  한국의 주민참여를 대상으로 한 대부분 연구 결과와 성공 사례를 근거로 판단할 때, 개인 사회경제적 변수들, 즉 연령, 성별, 교육 및 소득 수준 등은 주민들의 참여 동기에 대해 제한된 설명력만을 가지고 있는 듯하다. 반면 '지역사회에 대한 관심'과 '지역에 대한 애착', 혹은 '공동체 의식'이 주민 참여에 결정적 영향을 미치는 요인인 것은 확실해 보인다. 다수의 성공 사례에서 공동체 의식의 형성은 특정한 사건이나 주민 이익 보호로부터 출발하게 된 사실을 볼 수 있다. 그리고 공동체 의식 형성 이후에는 지역의 문제를 해결하는 과정에서 주민들의 관심이 높아지고 자치에 대한 필요성에 대해 공감하면서 참여가 활성화되는 모습을 보여주었다. 이 과정에서 주민 리더 혹은 지역 단체들의 역할도 중요하다는 점을 발견할 수 있었다. 그리고 이와 같은 참여의 과정은 결국 자치에 대한 만족감을 제고하고 공동체 의식을 강화시키는 효과를 낳게 된다. 이를

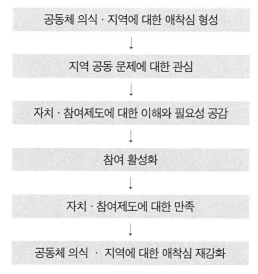

그림 1. 성공 사례에서 나타난 공통적 특징

도식화하면 그림 1과 같다.

　이 밖에도 주민참여예산제나 주민자치센터의 성공 사례 경우 다음과 같은 요인도 중요해 보인다. 첫째, 지방자치단체 혹은 단체장의 적극적 의지와 공무원들의 인식 전환 노력이 있었다. 둘째, 주민자치센터와 주민자치위원회가 적극적으로 나서고 있다는 사실이다. 셋째, 전문가 및 지역 단체의 협조와 그들과의 네트워크가 성공적으로 형성되고 있었다는 점이다. 넷째, 주민 지도자의 역할이 두드러지게 나타나고 있다. 다섯째, 주민들이 자신들의 권한 행사 방법과 제도에 대한 이해가 높아야 한다는 점이다. 따라서 '시민 교육'의 역할이 부각되고 있었다. '시민예산학교' 혹은 '주민자치학교'의 활성화가 대표적 예이다. 여섯째, 주민자치나 제도, 그리고 참여 목적에 대해 주민들이 이해하고 공감대를 형성할 경우 자치는 활성화될 수 있었다. 성산2동 주민자치센터 등의 성공 사례가 이를 보여준다.[12] 마지막으로 지역의 특정 사안이 자신들의 '이익'과 관

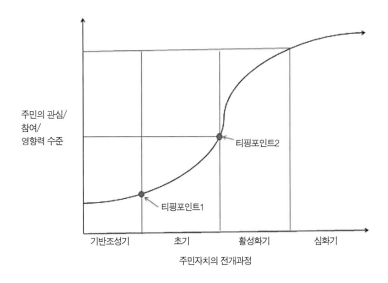

주민의 관심/
참여/
영향력 수준

티핑포인트2

티핑포인트1

기반조성기   초기   활성화기   심화기

주민자치의 전개과정

그림 2. 주민자치의 성공적 전개과정

련되어 있다고 인식할 경우 참여가 활성화될 가능성이 높다는 사실도 발견할 수 있다.

다음에서는 이와 같은 성공 사례에서 발견되는 공통점과 주민 참여에 영향을 미치는 실증적 연구 결과를 근거로 실질적 주민자치가 이루어지기 위한 방안을 대략적으로 정리하도록 하겠다. 주민자치의 성공적 전개과정을 도식화하면 그림 2와 같다. 전체 과정은 대략 4단계로 나눌 수 있다. 주민자치를 위한 '기반조성기', 주민자치 '초기', '활성화기', 그리고 '심화기'이다(X축). 이전 단계의 노력이 성과를 맺어 새로운 단계로 도약

12   갈현1동 주민자치위원회가 운영하는 '녹색가게'도 대표적 성공사례이다. 애초 목표는 버려지는 자원을 아끼고 중고품을 재활용해 생활비용을 절약하자는 것이었다. 이를 위해 주민자치센터에서 의류·신발·가방·소형가전제품·책 등 가정에서 쓰지 않는 물품을 주민들로부터 기부 받아 판매와 교환을 하는 운동을 시작한 것이다. 그리고 수익금 전액은 저소득가정에 생활비 지원, 교복 사주기, 김장 나누기 등 이웃돕기에 쓴다(서울신문. 2011.1.6).

하는 시점인 '티핑포인트'(tipping point)가 두 번에 걸쳐 있다. 기반조성기를 거치면서 주민자치 초기로 전환하는 시기(티핑포인트 1)와, 초기의 노력과 경험이 축적되면서 주민자치가 본격적으로 활성화되는 시기(티핑포인트 2)가 그것이다. 이와 같이 주민자치가 발전하면서 주민의 관심·참여·영향력 수준은 점차 높아지게 된다(Y축).

각 단계별 과제를 정리하면 다음과 같다.

1단계 : 주민자치 기반조성기

이 단계에서 가장 중요한 과제는 주민의 '역량강화'(empowerment)이다. 이를 위해 첫째, '공동체 복원'이 시급한 과제이다. 주민참여와 자치의 가장 중요한 전제조건은 그림 1에서 보는 바와 같이 공동체 복원을 통한 연대감과 애착심, 그리고 신뢰를 갖도록 하는 것이다. 공동체가 형성되어 주민 간 만남과 네트워크가 형성된다면, 이를 통해 공동체 의식과 연대감이 싹트게 될 것이다. 또한 주민 상호 학습과 상호 협력이 지속화될 것이다. 지역공동체에의 참여 경험이 주민 자치에 결정적 요인이라는 점은 다수 학자들이 경험적으로 증명한 바이다. 따라서 지역 내 주민 중심의 네트워크 혹은 자립조직을 지원해 활성화시키는 것이 기반 조성을 위한 중요 과제라고 할 수 있다.

기존 공동체 조직으로는 '아파트입주자회의' 혹은 '학교운영위원회' 등이 있으나, 이보다는 공동의 문제를 해결할 수 있는 새로운 주민협의체가 필요해 보인다. 예를 들어 공동의 의제가 될 수 있는 지역교육, 보육, 복지, 혹은 커뮤니티 비즈니스(community business) 등의 발전[13]을

---

13   농촌지역에서 지역 경제를 발전시키기 위해 공동 생산, 판매 등의 활동을 공동으로 수행하기 위해 형성하는 일동의 공동 기업으로 그 성공 사례를 적지 않게 발견할 수 있다. 예를 들어 전라북도 완주군의 '신택리지 프로젝트' 및 '로컬푸드 활성화 계획'과 진안군의 으뜸마

위한 협의체 구축과 그를 지원할 수 있는 제도적·재정적 지원이 필요하다.[14] 이러한 노력들은 결국 주민의 자치 참여 역량을 강화하는 수단 또한 될 것이다.

둘째, 지역 주민 리더나 자원봉사자의 발굴·육성이 중요하다. 거의 대부분의 사례에서 주민 리더들은 공동체를 조직하거나 참여를 유도하는데 있어 중요한 역할을 수행했다. 지역에서 잠재적 리더를 발굴해 교육을 통해 이들의 역량을 강화해야 한다. 그리고 그들에게 적절한 권한과 역할을 부여해 주민들을 조직화하고 참여를 증진시킬 수 있는 촉매체로 활용하여야 한다(소순열 2010).[15]

2단계: 주민자치 초기

첫째, 지방자치단체장과 공직자들의 의지와 관심, 그리고 소통이 매우 중요한 요인으로 작용한다(류영아 2013). 지방자치단체장이 의지만 전제된다면, 공직자들과 '지방의회 의원'들의 인식 전환이 뒤따라야 한다. 공무원들과 의회 의원들이 시민참여에 대해 회의적이고 부정적 태도를 가지고 있다면 주민 참여는 실패하게 될 것이다. 즉 공직자들이 주민 참여에 대한 긍정적 태도를 가져야 한다는 것이다. 따라서 이 시기에는 앞서 성공 사례에서 본 바와 같이 공무원의 인식 전환을 위한 소통과 교육이 필요하다.

을 사례가 대표적이다(소순열 2010; 윤석인 2014).

14 이 단계에서 행정적 지원을 위해 지방자치단체에 주민자치를 전담할 인력이나 조직을 설치하는 방안도 고려해 볼 필요가 있다. 앞서 주민참여예산제의 성공 사례인 광주 북구와 울산 동구뿐만 아니라 서울 관악구의 '메니페스토 정책실', 성북구의 '생활구정기획단', 인천 부평구의 '비전기획단' 등이 좋은 사례이다(윤석인 2014: 217).

15 마을만들기 성공 사례 중 하나인 전북 진안군 '으뜸마을'의 경우 지역 리더를 발굴해 그들을 대상으로 한 교육을 2박 3일 과정으로 3차례 실시한 바 있다. 교육 내용은 창의력 개발, 성공 사례 학습, 주민 갈등 관리 등이었다(소순열 2010: 127).

둘째, 1단계에서 공동체 복원이 일정 정도 이루어진다면, 민·관 '협치' 조직을 구성할 필요가 있다. 이는 주민자치 의제 공동 설정과 추진의 출발점이 될 뿐만 아니라 이후 자치의 지속성을 보장하기 위해서도 중요한 과제라고 할 수 있다. 또한 이러한 '협치' 조직의 활성화를 통해 참여 동기를 유발하는 주요한 요인인 지방자치에 대한 주민의 '신뢰'도 제고할 수 있을 것이다.[16]

셋째, 민·관 협치가 제대로 시작되기 위해서는 주민 기반 조직으로 소규모 공동체 단위—예를 들어 골목, 아파트 단지 등—에서 '주민자치위원회'를 활성화시켜야 한다. 특히 주민자치위원회의 위상 강화를 위해 그 구성 과정에서의 '민주성'과 주민의 '대표성'을 확보할 필요가 있다. 현재와 같이 동장이나 관변단체 인사 중심의 임명직으로 구성하는 방식에서 탈피하고 주민자치위원 선출 방식을 다양화하는 '조례' 제정을 통해 소규모 공동체 단위에서 주민이 직접 선출하는 방식을 혼합해 실시하는 방법도 고려해야 할 것이다(김일태 2003).

3단계: 주민자치 활성화기

첫째, 공무원과 지방의회 의원들이 주민참여에 대해 긍정적 인식을 갖게 된다면 '조례' 제정 등의 방법을 통해 주민참여제도를 도입해야 한다. 이를 위해 주민들이 관심을 가질만한 의제 혹은 주민들의 '이익'과 직결된 의제 발굴이 필요하다. 또한 제도를 도입할 경우 그것은 시민들이 쉽게 접근할 수 있고 참여를 독려하는 프로그램이여야 한다. 이 때 제도에는 주민참여의 목적이 잘 정의되어 있어야 하며, 그 프로그램에서

---

16 민·관 협치 조직의 성공 사례로는 경기도 부천시의 '부천시정운영공동위원회', 수원시의 '좋은시정위원회', 고양시의 '고양시정운영위원회', 서울 도봉구의 '도봉발전위원회', 노원구의 '11인정책협의회' 등이 있다(윤석인 2014: 217).

시민의 역할도 명확해야 주민 참여가 용이해진다(장노순 2006). 또한 참여의 시간과 비용도 낮아야 할 것이다. 주민들이 참여가능한 시간대와 장소, 참여방법의 구체화도 병행되어야 한다. 이와 관련해 서울 은평구 사례와 같이 온라인 참여 방식의 활성화 등 '전자 민주주의'의 도입을 적극적으로 고려해볼 필요가 있다.

둘째, 지방자치단체는 주민의 삶과 직접적으로 관련된 정책 결정 권한을 더 낮은 단위, 예를 들어 동 단위로 이전해야 한다. 이는 정치참여의 가장 중요한 요건 중 하나인 정치적 효능감을 높여주기 위한 방법이 될 수 있다. 앞서 논의한 바와 같이 주민자치의 목적은 주민들이 자신들의 삶에 영향을 미치는 정책 결정에 직접 참여하여 이익과 가치를 보호하기 위함이다. 그러나 자신들이 정책 결정 권한을 가지고 있지 못하고 있다고 인식하고 있다면 참여 동기가 저하될 수밖에 없다. 따라서 기초적인 단위, 즉 동 단위로의 권한 위임이 필요하고 이를 주민들이 분명하게 인지하도록 해야 한다.

셋째, 주민들의 관심 제고를 위해 '홍보'를 강화해야 한다. 이 과정에서는 제도가 주민 자신들의 '이익'과 직결된다는 점을 이해시켜야 하며, 참여를 통해 삶의 질이 높아질 수 있다는 확신을 심어주는 것도 필요하다. 주민에게 '찾아가는 설명회 및 워크샵', 문자 메시지, 혹은 사회관계망서비스(social network service) 등을 적극적으로 활용하는 것도 고려해야 한다.

넷째, 참여 역량 강화를 위한 '시민교육'이 필요하다. 도입된 주민 참여제도와 주민자치에 대해 주민들이 '참여기술'을 갖추기 위해서 제도나 정책에 대한 정보를 제공하고 그와 관련한 전문성을 제고시켜주어야 한다. 광주 북구와 울산 동구와 같은 다수 성공 사례가 시민교육의 필요성을 증명하고 있다.

4단계: 주민자치 안정화기

첫째, 이 단계에서는 지방자치단체의 공공부분과 지역 주민 단체 간의 협력에 기초한 네트워크를 안정적으로 구축하는 것이 중요하다. 네트워크 구조가 정착되어 지방자치단체와 주민 단체 간 협력이 활성화된다면, 상호의존성이 강화되면서 주민 참여가 지속성을 갖고 일상화될 것이다.

둘째, 주민들의 의견이나 지역 여론을 반영한 평가와 제도 수정의 과정이 정착되어야 한다. 제도와 집행 결과에 대한 주민들의 의사를 반영해 문제점이 있다면 수정해야 한다. 이와 같은 '환류'(feedback) 과정은 정치적 효능감, 지방자치단체에 대한 신뢰와 지역에 대한 애착심을 강화시키는 효과를 가지고 올 것이며, 이는 다시 주민자치와 참여를 더욱 활성화시키는 선순환적 구조를 정착시키게 될 것이다. 지역 주민들의 의견을 적극적으로 수렴하기 위한 수단으로는 온라인 토론방·게시판이 활용될 수 있을 것이며, 주민옴부즈만제도의 내실화도 필요하다.

셋째, 다수 성공 사례에서 보는 바와 같이 주민 자치역량이 강화된다면 지역 발전 계획 혹은 주민 참여 방안을 스스로 결정하고 집행할 수 있도록 해야 한다. 기존에는 중앙정부 혹은 지방자치단체들이 법이나 조례 제정을 통해 '하향식'으로 주민 참여를 유도한 측면이 강했다. 주민자치 전개과정에서 참여역량이 축적된다면 마을 발전 계획이나 공동의 사안을 해결할 수 있는 대안을 스스로 결정하여 실행할 수 있는 명실상부한 '상향식' 주민 자치가 자리 잡을 수 있도록 해야 한다.

V. 나오는 말

유엔개발계획에서 천명한 바와 같이 경제적 성장은 그 자체가 목적이 되어서는 안 되며, 인간의 행복한 삶을 보장함으로써 자기 충족감을 갖도록 해야 한다. 이것이 '지속가능한 발전'을 통한 '지속가능한 사회'의 건설이다. 이를 위해서는 그 사회 구성원인 시민들의 역량강화, 그리고 참여를 통한 영향력 강화가 요구되며 지방분권을 통한 주민자치가 필요하다. 지방단위에서의 민주주의 구축이 지속가능한 발전의 주요한 내용인 것이다. 주민자치가 정착되기 위해서는 현재의 지나친 중앙집권적 국가구조를 바꿀 필요가 있다. 다수 학자들은 개헌 혹은 여타 제도 개선을 통해 수직적 분권화를 이루어야 한다고 주장한다. 물론 제도적 분권은 주민자치를 위해 필요한 과제이다. 그러나 제도적 내용이 주민자치를 자동적으로 보장하지 않는다는 점을 분명히 할 필요가 있다. 제도적 분권은 지방자치를 위한 '필요조건'일 뿐이다.

자치가 제대로 이루어지기 위해서는 제도적 변경과 함께 '정치적 요인'(political factors)의 성숙도 요구된다. 특히 시민의 정치적 참여는 매우 중요한 요소라고 할 수 있다. 제도적 분권이 주민자치를 위한 '필요조건'이라면, 참여는 '충분조건'인 것이다. 따라서 시민 참여를 활성화하기 위한 조치들이 반드시 선행되거나 병행되어야 한다. 그렇지 않으면 제도적 분권은 민주주의를 역행시킬 수도 있을 것이다.

이 글은 이러한 문제의식을 갖고 기존 연구 결과들과 몇몇 성공 사례를 통해 시민의 정치참여와 주민자치에 긍정적 영향을 미치는 요인들을 파악하고자 했다. 다수 연구들은 '지역사회에 대한 관심'과 '지역에 대한 애착', 혹은 '공동체 의식'이 주민 참여에 결정적 영향을 미치는 요인이라는 점을 증명하고 있다. 또한 여러 성공 사례에서 공동체 의식의 형성은 특정한 사건이나 주민 이익 보호로부터 출발하게 된 사실을 볼 수 있다. 공동체 의식 형성 이후에는 지역의 문제를 해결하는 과정에서 주민들의 관심이 높아지고 자치에 대한 필요성에 대해 공감하면서 참여가 활성화되는 모습을 보여주었다. 물론 이 과정에서 주민 지도자와 주민 네트워크, 그리고 지역 단체들의 역할도 중요하다는 사실을 발견할 수 있었다.

이러한 내용을 근거로 성공적인 주민자치의 전개과정을 네 단계로 나누어 단계별 과제를 제시했다. 물론 각 단계가 순차적으로 진행되지 않을 수도 있으며, 지역 상황에 따라 중첩적으로, 때로는 역순으로 진행될 수도 있을 것이다. 다만 여기에서 강조하고 싶은 사실은 각 단계별로 제시된 내용들이 우리 사회의 '지속가능한 발전'을 위해 반드시 필요한 과제라는 점이다. 앞서 지적한 바와 같이 '지속가능한 발전'의 핵심적 내용 중 하나가 우리 스스로 우리의 문제를 결정하는 정치구조의 정착이며, 이를 위해서는 제도적 분권화와 더불어 '시민참여'가 전제되어야 하기 때문이다.

참고문헌

강경태. 2009. "정당공천제 개선방안: 기초의회의원선거를 중심으로." 『한국정당학회보』 8(1): 225-253.

강명구. 2009. "한국의 분권과 자치: 발전론적 해석." 『지방행정연구』 23(3): 3-23.

강원택. 1999. "지방선거에 대한 중앙정치의 영향: 지방적 행사 혹은 중앙정치의 대리전?" 조중빈 편. 『한국의 선거 III: 1998년 지방선거를 중심으로』. 푸른길, 79-116.

_____. 2010. "폐쇄적 지역 정당 구조와 정치개혁: 지방정치를 중심으로." 『한국정치연구』 19(1): 1-20.

_____. 2011. 『통일 이후의 한국 민주주의』. 나남.

강인호. 2006. "지방자치단체 기관구성형태의 다양화를 위한 시론적 연구: City Manager System 도입을 중심으로." 한국거버넌스학회 학술대회 자료집, 61-69.

고전. 2014. "교육감 · 교육위원 선거관련 국회 개정안 논의." 2014년 한국정당학회 춘계학술회의 발표논문.

곽채기. 2007. "광주광역시 북구의 주민참여예산 제도화 과정과 운영 성과." 『한국지방재정논집』 12(3).

곽현근 · 유현숙. 2005. "지역사회 주민조직 참여의 영향 요인과 집합적 효능감." 『한국사회와 행정연구』 16(1).

구기찬. 2010. "한국 지방자치단체의 기관구성형태 다양화에 관한 연구." 경원대학교 박사학위논문.

권영주. 2009. "일본의 지방선거와 정당공천." 『자치행정』 6월호.

_____. 2013. "일본의 지방선거에 있어서 정당공천의 현상과 제도: 왜 무소속이 많은가?" 『한국지방자치학회보』 25(1): 39-61.

김대중. 2010. 『김대중 자서전 1』. 삼인.

김동근. 2011. "주거환경 개선을 위한 지역주민의 참여의식 분석." 『국토계획』 46(3).

김만흠. 1999. "지방정치론과 한국 지방정치의 과제." 『한국정치학회보』 32(4): 167-186.

김병기. 2007. "미래를 위해 먼저 쓴 대한민국 헌법 개정안." 최병선 · 김선혁 공편. 『분권 헌법: 선진화로 가는 길』. 서울: EAI.

김병준. 2000. 『한국지방자치론』. 서울: 법문사

김성호. 2007. "국가권력의 수직적 분권을 위한 헌법개정안 연구: 경기도를 중심으로." 『한국지방자치학회보』 19(4).

_____. 2013. "광역의회와 기초의회의 역할 제고 방안." 『生 이슈 포커스』 7월호.

김영일. 2007. "세방화 시대 지방의회의 위상과 역할: 생활정치의 장으로서의 지방의회." 『한국시민윤리학회보』 21(1): 149-176.

_____. 2012. "생활정치의 장으로서의 지방의회." 21세기 정치연구회 편. 『지방정치학으로의 산책』. 한울.

김용복. 2009. "지방의회의 역할과 선거제도의 개선: 비례성의 제고와 정당정치의 활성화."
　　『세계지역연구논총』 27(3): 35-63.
김용철. 2008. "현행 지방교육자치제도의 쟁점 및 개선 방안."『한국정책과학학회보』 12(4).
김우영. 2013. "은평구 마을공동체로 바라보는 주민참여사업."『공공사회연구』 3(2).
김유향. 2003. "글로벌화, 정보화 시대 일본 지방정치의 새로운 경향과 특징: 〈생활자 네트워크〉,
　　〈무지개와 초록의 500인 리스트〉, 〈녹색회의〉를 중심으로."『일본연구논총』 19: 211-235.
김일태. 2003. "주민자치센터 활성화를 통한 자치역량 제고방안."『도시행정학보』 16(2).
김찬동. 2012. "마을공동체 복원을 통한 주민자치 실현방안." 서울시정개발연구원.
＿＿＿. 2013. "지방자치와 분권에 대한 전문가 의견조사."『SAPA News & Platform』 1.
김철수. 2009.『헌법학신론』. 서울: 박영사.
김철우. 2012. "교육자치기관장 선출제도 국제비교연구: 지방교육자치이념의 구현정도를
　　중심으로."『한국인사행정학회보』 11(1).
김태종 외. 2006.『사회적 자본 확충을 위한 기본조사 및 정책연구』. KDI 국제정책대학원.
김필두. 2013. "주민자치회의 성공적 정착 방안: 바람직한 주민자치회 모형."『生 이슈 포커스』
　　5월호.
김혜정. 2007. "지방의회의 역량강화를 위한 지역시민사회 기능."『한국행정논집』 19(3): 685-
　　712.
＿＿＿. 2012. "지역사회 시민의 참여활동과 영향요인."『한국행정학보』 46(2).
김홍수. 2013. "주민자체센터의 경험과 주민자치회 활성화 방안."『生 이슈 포커스』 5월호.
김홍순 · 원준혁. 2013. "주민참여 및 인식도에 있어서 인구통계학적 요인의 특성에 대한 고찰."
　　『서울도시연구』 14.
남궁곤. 2006. "뉴잉글랜드 타운미팅을 통해 본 미국 참여민주주의: 런던데리(Londonderry,
　　NH) 타운미팅 사례연구." 김의영 외.『미국의 결사체 민주주의』. 아르케, 46-72.
남유진. 2005.『미국 지방자치의 이해』. 파주: 집문당.
남철관. 2009. "주민이 참여하는 도시재생사업"『국토』 통권 332호.
매일경제. 2014.1.15. 〈사설〉 지방자치단체 파산제도 이제 도입할 때
문상덕. 2012. "지방의회제도의 문제점과 발전방향."『행정법연구』 34: 255-286.
문상필. 2002. "지방자치단체 주민참여 영향요인에 관한 연구." 경상대학교 석사학위논문.
박명호 · 한기영. 2011. "한국 지방정치 엘리트 충원의 계속성과 변화에 관한 시론: 최근
　　지방선거를 중심으로."『한국정당학회보』 10(2)(통권 19호): 93-131.
박세정. 2007. "주민참여의 현실과 향후과제: 주민자치센터 사례를 중심으로."『사회과학논총』
　　26(1).
박재욱. 2012. "지역발전을 위한 거버넌스의 과제." 21세기 정치연구회 편.『지방정치학으로의
　　산책』. 한울.
박재창·강명구·젤리거 편. 2005.『분권과 개혁』. 오름.
박종민 외. 2001. "한국의 지방민주주의와 도시정치문화."『한국정치학회보』 35(1).
서재호. 2013. "주민자치 활동 참여와 공동체 의식."『한국사회와 행정연구』 24(2).
서현진. 2003. "지방선거에서 후보 지명과정."『의정연구』 15: 58-87.
소순열. 2010. "농촌마을 개발과 주민참여."『지역사회연구』 18(2).

손봉숙. 1986. "제1공화국과 자유당." 한국정치학회 편.『현대한국정치론』. 법문사, 133-166.

송건섭. 2013. "지방의회와 지방정치: 영호남지역 광역의회를 중심으로."『한국행정논집』25(3):
    765-789.

안성민·이영. 2007. "주민참여예산제도 사례분석: 울산광역시 동구를 중심으로."
    『지방정부연구』11(4).

안성민·최윤주. 2009. "주민참여예산제도의 경험과 성과: 5개 자치구를 중심으로."
    『한국행정논집』21(4).

안성호. 2007. "지역대표형 상원의 논거와 특징 및 설계구상."『한국행정학보』41(3).

안영훈. 2006.『지방자치단체의 기관구성 다양화 방안』. 한국지방행정연구원.

_____. 2007a. "지방거버넌스체제의 다양화 방안: 새로운 '지역정부' 구상과 지방정부
    조직운영체제의 다양화 방안." 한국행정학회 학술대회 발표논문집, 119-136.

_____. 2007b, "지방의회 운영체제 다양화 방안에 관한 연구." 한국지방행정연구원 연구보고서,
    1-200.

안청시. 1985. "우리나라 지방자치제도의 발전과정과 그 특징." 김경동·안청시 외.『한국의
    지방자치와 지역사회 발전』. 서울대학교 출판부, 47-71.

안청시·이광희. 2002. "한국 민주주의와 지방정치 10년의 성과와 과제." 안청시 외.『한국
    지방자치와 민주주의: 10년의 성과와 과제』. 나남, 13-54.

양덕순·강연순. 2008. "지역공동체의식이 주민참여에 미치는 영향 분석."
    『한국지방자치학회보』20(1).

양승필. 2012. "생태관광 개발에 대한 지역주민의 인식 영향요인, 지각된 혜택, 개발지지도,
    참여의도간의 관계 연구."『관광연구』27(2).

유영아. 2013. "보건복지사업의 성공요인에 관한 실증연구."『한국지방자치학회보』25(3).

유창복. 2009. "도시속의 마을공동체운동의 형성과 전개에 대한 사례연구." 성공회대학교
    석사학위논문.

육동일. 2006. "지방선거 정당공천제의 한계와 과제: 지방의회의 활성화를 중심으로."『한국
    지방자치학회보』18(1): 5-26

윤석인. 2014.『지방자치가 우리 삶을 바꾼다: 지역을 바꾼 77가지 혁신사례』. 서울: 희망제작소.

윤성현. 2012. "지방교육자치제와 교육감 직선제의 헌법학적 재검토."『세계헌법연구』18(1).

이관행. 2010, "다양한 지방자치단체의 기관구성 방안에 관한 연구."『강원법학』30: 237-269.

이기우, 2004, "지방자치단체의 분권화: 독일의 구역자치제도를 중심으로."
    『한국지방자치학회보』16(2)(통권 46호): 147-166.

_____. 2008a. "분권적 국가권력구조의 개편을 위한 헌법 개정의 과제."『미래한국헌법연구회
    제7차 개헌 세미나 자료집』.

_____. 2008b. "지방의회 분야, 어디까지 왔나?"『지방행정』2월호.

이기우·하승수, 2007,『지방자치법』. 서울: 대영문화사.

이병용. 2006. "지역개발에 있어 주민참여 활성화 방안에 관한 연구." 경희대학교 석사학위논문.

이상경. 2012. "지방자치단체 파산제도의 도입가능성에 관한 비교법적 일고: 미국
    지방정부파산법(미국 연방파산법 제9장)의 시사점."『공법학연구』13(3): 155-175.

이상묵. 2008. "지방선거제도 변화와 지방정치엘리트의 충원양상."『한국행정학보』42(1)(2008

봄): 123-147.

이상환. 2011. "미스터 지방자치, 김대중." http://www.pressian.com/news/article.
html?no=3797 (검색일 2014. 3. 22).

이소영. 2009. "인지구조와 투표행태, 그리고 대중매체."『투표행태의 이해』. 서울: 한울.

이종수. 2002. "지방자치의 논리와 한국의 자치제." 박종민, 이종원 편.『한국 지방민주주의의
위기: 도전과 과제』. 나남, 117-145.

_____. 2010a. "지방정부 기관구성의 다양화와 책임성 제고." 한국행정학회 제24회 국정포럼
발표논문집, 1-23.

_____. 2010b. "6.2 지방선거 결과에 대한 평가와 향후의 과제 분석." 한국지방자치학회
토론회(2010. 7), 1-12.

이준한. 2009. "지방직 출신 국회의원의 충원과 특징."『한국정치연구』18(3): 61-85.

이지혜 외. 2009. "마을 만들기 사업에 있어서 주민참여도에 관한 영향구조 분석."『국토계획』
44(1).

이호. 2003. "생활 속에 뿌리 내린 일본의 지역정당: 동경생활자 네트워크로부터 배운다."
『도시와 빈곤』통권 64호: 59-74.

이홍구. 1985. "지방자치와 정치발전." 김경동, 안청시 외.『한국의 지방자치와 지역사회 발전』.
서울대학교 출판부, 11-20.

임승빈. 2006. 5.31 "지방선거 결과와 정당공천."『지방행정』55: 28-36.

_____. 2012,『지방자치론』. 파주: 법문사.

_____. 2013.『지방자치론』. 서울: 법문사.

장노순. 2006. "한국에서의 주민참여예산제도의 운영실태 및 성공적 발전방안."『한국행정과
정책연구』4(1).

장선희. 2011. "지방자치단체 파산의 특수성에 관한 연구: 지방자치단체 파산관련 독일의 논의를
중심으로."『세계헌법연구』17(1): 199-220.

전영평. 2003. "참여정부의 지방분권화 정책 평가와 시민사회의 과제."『지방행정연구』17(2):
3-26.

전훈. 2011. "지방의회 제도개선을 위한 법제정비 방안."『공법학연구』12(4): 61-82.

정동규. 2010. "전국 최초 주민참여예산제 운영, 광주광역시 북구."『통일연구』통권 319호.

정창화, 한부영. 2005. "지방분권화의 이론과 원칙 탐색: 독일과 한국의 지방자치단체의 사무
배분을 중심으로."『지방행정연구』19(2): 35-64.

정하용. 2007. "지방자치시대의 지역사회개발과 주민참여활성화 방안."『한국지역개발학회지』
19(3).

조금주. 2012. "학교다양화 정책 속에서 살펴본 혁신학교의 성과 및 과제."『중등교육연구』
60(2).

조순제. 2012. "지방의회의 기능발휘 실태와 개선방안."『대한정치학회보』19(3): 163-192.

조진만·윤상진. 2012. "광역단체장선거와 교육감선거 동시 실시와 유권자의 투표선택: 경기도
사례에 대한 경험적 분석."『사회과학연구』20(2).

주용학. 2007. "민선4기 지방선거 결과 분석 및 정책적 함의: 기초단체장의 정당공천제를
중심으로."『한국지방자치학회보』19(1): 29-51

최근열. 2011. "지방의회의 위상강화를 위한 발전과제: 지방자치법 개정을 중심으로."
『한국지방자치연구』 13(3)(통권 36호): 89-114.

최병대. 2013. "중앙과 지방의 상생을 위한 지방분권."『의정연구』 19(1): 5-38.

최병선, 김선혁. 2007. 『분권헌법: 선진화로 가는 길』. EAI.

최봉석. 2009. "실질적 자치권 보장을 위한 헌법개정의 방향."『전국시도지사협의회 제18차
지방분권 정책포럼 발표문』.

최우용, 2004, "우리 지방자치단체의 바람직한 기관구성을 위한 비교법적 고찰."『공법학연구』
7(5): 277-301.

최준영 · 조진만. 2005. "지역균열의 변화 가능성에 대한 경험적 고찰: 제17대 국회의원선거에
나타나는 이념과 세대균열의 효과를 중심으로."『한국정치학회보』 39(3).

_____. 2013. 『견제와 균형: 인사청문회의 현재와 미래를 말하다』. 서울: 써네스트.

최창호. 2008. 『지방자치학』. 서울: 삼영사

최흥석 · 정재진. 2006. "지방의원 유급제 도입의 효과에 관한 연구: 지방의원의 구성변화를
중심으로."『지방정부연구』 10(3)(2006 가을): 211-233.

표명환. 2010. "지방자치단체의 채무지급유예선언에 관한 법적 고찰."『법학연구』 40: 19-38.

하세헌. 2007. "지방분권 실현과 지방정당의 육성."『한국지방자치연구』 9(2)(통권 19호): 25-
40.

_____. 2011. "지방정당 대두와 일본 지방정치 활성화: 새로운 지방정당 대두의 배경과 그
영향."『일본연구논총』 35: 61-92.

하세헌 · 강명구. 2012. "선거경쟁과 지방정치: 대구와 오사카의 지방정치 비교."『지방정부연구』
16(2)(2012 여름): 103-123.

하연섭. 2002. "신제도주의의 최근 경향: 이론적 자기 혁신과 수렴."『한국행정학보』 36(4).

하정봉. 2008. "일본의 기초선거와 정당공천." 한국지방정부학회 학술대회 논문집

하정봉 · 길종백. 2013. "주민참여에 영향을 주는 요인에 관한 연구."『한국거버넌스학회보』
20(3).

한의석. 2012. "오사카유신회와 하시모토 토오루: 변화의 열망과 일본의 지역정당."
『21세기정치학회보』 22(2): 247-266.

헤럴드경제. 2014.1.15. 〈사설〉 지방정부 파산제 도입할 때 됐다.

홍준현. 2008. "우리나라 지방분권화 수준."『지방행정』 2월호.

황아란, 1997, 『외국 지방자치제도와 기관구성』. 한국지방행정연구원.

Abers, R. N. 2000. Inventing Local Democracy: Grassroots Politics in Brazil. Boulder,
CO.: Lynne Rienner

Almond, Gabriel Abraham, and Sidney Verba. 1989. *The Civic Culture: Political
Attitudes and Democracy in Five Nations.* Newbury Park, California: SAGE
Publications, Inc.

Andrew, Caroline and Michael Goldsmith. 1998. "From Local Government to Local
Governance – and beyond?" *International Political Science Review* 19: 2, 101-
117.

Chryssochoou, Dmitris. 1998. "Federalism and Democracy Reconsidered." *Regional and Federal Studies*. 8(2).

Conway, B. P, and D. S. Hachen 2005. "Attachments, Grievances, Resources, and Efficacy." *Journal of Urban Affairs*. 27(1).

Dye, Thomas R. and Susan A. MacManus. 2009. *Politics in States and Communities*. 13th ed. Pearson Prentice Hall: Upper Saddle River, NJ.

Elazar, D. 1991. *Federal Systems of the World: A Handbook of Federal, Confederal, and Autonomy Arrangement*. London: Longman.

Heller, P, et al. 2007. "Building Local Democracy: Evaluating the Impact of Decentralization in Kerala, India." *World Development*. 35(4).

Henderson, Gregory. 1968. *Korea: The Politics of the Vortex*. Cambridge, MA: Harvard University Press.

Huntington, Samuel and Joan Nelson. 1976. *No Easy Choice: Political Participation in Developing Countries*. Cambridge, Mass: Harvard University Press.

IMCA, 1995, Municipal Year Book.

Lau, Richard, and David Redlawsk. 1997. "Voting Correctly." *American Political Science Review*. 91(3).

Lupia, Arthur, and Mathew McCubbins. 1998. *The Democratic Dilemma: Can Citizens Learn What They Really Need to Know?* New York: Cambridge University Press.

March, James, and Johan Olsen. 1989. *Rediscovering Institutions: The Organizational Basis of Politics*. New York: The Free Press.

Mesch, G. S. and K. P. Schwirian. 1996. "The Effectiveness of Neighborhood Collective Action." *Social Problems*. 43(4).

Norris, Pippa. 2008. *Driving democracy*. New York: Cambridge University Press.

North, Douglas. 1990. *Institutions, Institutional Change, and Economic Performance*. Cambridge: Cambridge University Press.

Putnam, R. 2001. *Bowling Alone: The Collapes and Revival of American Community*. New York: Simon & Schuster.

Putnam, Robert D., Robert Leonardi, and Raffaella Y. Nanetti. 1994. *Making Democracy Work: Civic Traditions in Modern Italy*. Princeton, N.J.: Princeton University Press.

Rodden, Jonathan. 2004. "Comparative Federalism and Decentralization." *Comparative Politics*. 31(4).

Ross, Bernard H. and Myron A. Levine. 2006. *Urban Politics: Power in Metropolitan America*. Thomson Wadsworth: Belmont, CA.

Schumpeter, Joseph. 1976. *Capitalism, Socialism, and Democracy*. London: Allen and Unwin.

Seddon, J. 1999. "Participation, Civil Society, and Decentralization." In J. Livack and J. Seddon eds. *Decentralization Briefing Notes*. World Bank Institute. Washington, D. C.

Smith, Kevin B., and Alan Greenblatt, and John Buntin. 2005. *Governing States & Localities*. CQ Press: Washington D.C.

Verba, Sideny and Norman Nie. 1972. *Participation in America: Political Democracy and Social Equality*. New York: Harper and Row.

Verba, Sideny and Norman Nie. 1975. "Political Participation." *Handbook of Political Science*. Vol. 4. Mass: Addison Wesley.

Verba, Sidney. 1967. "Democratic Participation." *Annals of the American Academy of Political Social Science*, 373(1).

Weiner, Myron. 1971. "Political Participation." in Leonard Binder et al. eds. *Crises and Sequences in Political Development*. Princeton. NJ: Princeton University Press.

저자 약력(가나다순)

가상준(賈尙埈)

현 단국대학교 정치외교학과 교수
뉴욕주립대학교(State University of New York at Stony Brook) 정치학 박사
주요 논저: 〈제19대 국회 초선의원의 특징 분석〉, 〈정치 사회 경제 환경요인과
　　공공분쟁 발생〉〈노무현 대통령 지지율의 특징〉 등

강원택(康元澤)

현 서울대학교 정치외교학부 교수
영국 런던정경대학교(London School of Economics and Political Science)
　　정치학 박사
주요 논저: 〈한국 선거정치의 변화와 지속〉, 〈통일 이후의 한국 민주주의〉, 〈한국의
　　정치개혁과 민주주의〉 등

박원호(朴元浩)

현 서울대학교 정치외교학부 교수
미국 미시간대학교(University of Michigan) 정치학 박사
주요 논저: 〈생태학적 추론 서설〉, 〈무당파의 선택: 2012년의 양대 선거를
　　중심으로〉, 〈정당일체감의 재구성〉 등

이용마(李容馬)

현 서울대학교 한국정치연구소 선임연구원
서울대학교 정치학 박사, 전 MBC 기자
주요 논저: 〈한국 사회 계층균열의 등장과 정당재편성: 2000년대 선거를 중심으로〉 등

전용주(全勇柱)

현 동의대학교 정치외교학과 교수
미국 캔자스대학교(University of Kansas) 정치학 박사

주요 논저: 〈현대비교정치이론과 한국적 수용〉, 〈투표행태의 이해〉, 〈선거제도의
  이해〉 등

최준영(崔峻榮)

현 인하대학교 정치외교학과 부교수
미국 플로리다 주립대학교(Florida State University) 정치학 박사
주요 논저: 〈견제와 균형: 인사청문회의 현재와 미래를 말하다〉, 〈Changing
  Cleavage Structure in New Democracies〉, 〈공화당의 남벌전략과 남부의
  정치적 변화〉 등